PARIS

EN 1890

200 DESSINS

VINGT JOURS

A PARIS

200 DESSINS D'APRÈS NATURE

PARIS

MAISON QUANTIN, 7, RUE SAINT-BENOIT

La sortie des ateliers, quand midi sonne.

A la Maison Quantin

dont je m'honore de faire partie,

A mes Camarades

Typographes et Imprimeurs.

Leur dévoué

CONSTANT DE TOURS.

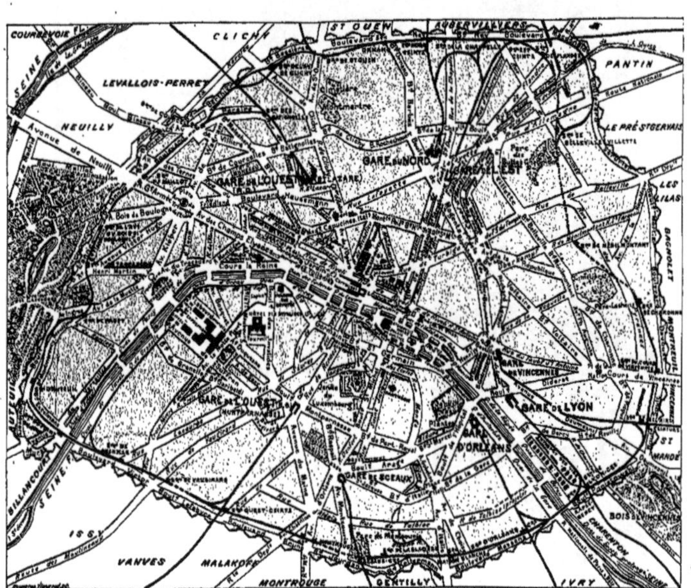

PLAN DE PARIS.

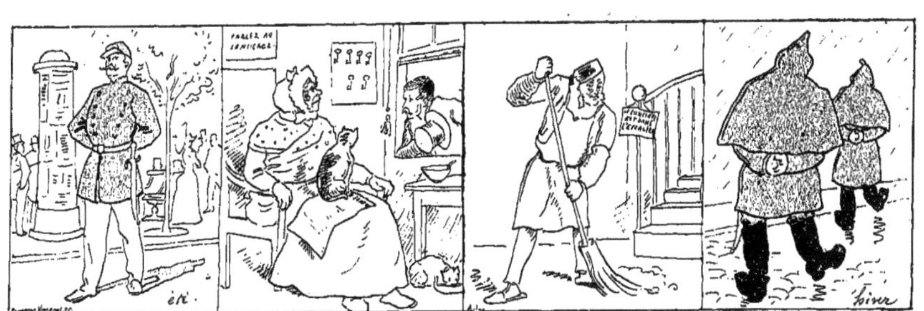

Les Gardiens de Paris.

L'ARRIVÉE

votre entrée en gare, alors que le bruit du train roulant sur les plaques tournantes a donné le signal de votre arrivée, n'allez pas vous croire déjà dans les bras des bons Parisiens que vous venez voir. Il vous reste, au contraire, à entreprendre un voyage d'un nouveau genre à travers la Capitale, et à faire connaissance tout d'abord avec quelques types bien parisiens que vous ne sauriez, d'ailleurs, éviter.

Ne vous obstinez pas à vouloir *surprendre* ceux que vous avez hâte d'embrasser; vous pourriez

Hue, cocotte !

leur causer une émotion trop vive, ou vous exposer à trouver à la place de la maison qu'ils habitaient quelques mois auparavant, une rue large et bien aérée, ou une bâtisse hérissée de ces échafaudages qu'on voit toute l'année dans Paris. Si vous êtes en nombreuse compagnie, prenez un omnibus de famille. Si vous n'êtes que deux ou trois, sans bagages à attendre, sautez vite dans un fiacre : vous trouverez à nos *Renseignements pratiques* les différents tarifs des voitures. Ces prix s'augmentent, suivant l'usage, d'un léger pourboire : *facultatif*, sans doute, mais *obligatoire* ; autrement, vous vous exposez de gaieté de cœur aux plaintes d'un automédon peu amoureux de la forme. Il est toujours désagréable de s'entendre appeler *panné !* mais plus particulièrement quand on vient de passer la nuit en chemin de fer et que ce mot salue votre réveil. Cela vous arrivera infailliblement si vous refusez ou réduisez le pourboire *facultatif* (0,20 ou 0,25 c.). Essayez.....

L'heureux parent que vous voulez surprendre a-t-il déménagé, vous trouverez cependant quelqu'un à qui parler ; c'est un des grands *avantages* de la Capitale. En effet, celui qui vous attend toujours, même sans être prévenu de votre arrivée, c'est un concierge. Il y en a autant que de maisons, soit environ 100,000 ; c'est énorme !

Le concierge est le gardien de la *demeure* du Parisien. « Parlez au concierge », mais avec déférence, sinon

Trop de bagages !

le sanctuaire vous sera fermé;
lui seul peut vous en tirer le
cordon.

Nos gardiens de la *rue,*
autrement dit « gardiens de
la paix », vous les apercevrez
partout, sur les boulevards,
dans les carrefours, souvent
deux par deux. Ils sont tous
munis d'un petit *Indicateur* de
poche à l'aide duquel, si vous
vous égarez, ils sauront vous
remettre dans le bon chemin.

Vous voilà arrivé, et si
vous avez eu le soin de ne
pas vous embarrasser de
trop de colis, terreur des
vrais touristes et qu'il est
difficile de loger chez un

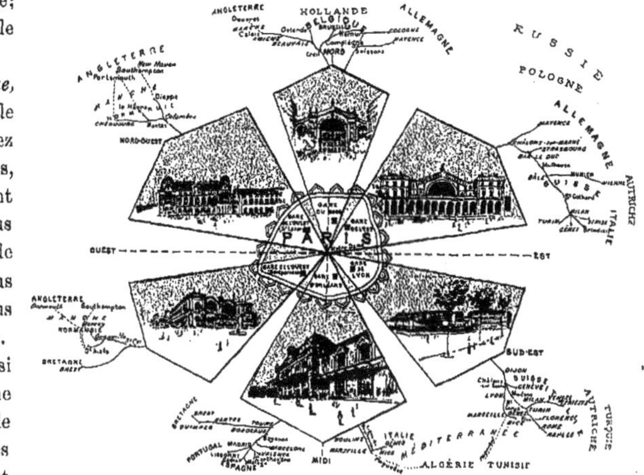

Vue synoptique des gares de Paris et des pays qu'elles desservent.

Parisien, toujours à l'étroit, il ne vous reste plus que des jours heureux à passer dans notre Capitale.

PARIS VIVANT A TRAVERS LES SIÈCLES

Lorsque vous êtes « descendu » à l'hôtel, ou dans la maison amie qui vous a ouvert ses portes, c'est-à-dire lorsque vous avez « monté » les cinq ou six étages qui conduisent à votre *buen retiro* parisien, vous n'avez plus qu'un désir : c'est de courir dans cette Ville-Merveille tant vantée. Vous ne serez pas déçu dans votre enthousiasme. Paris est à la hauteur de sa renommée universelle, parce que Paris n'est pas une ville, c'est la Ville par excellence, et, plus encore, c'est un Monde.

Il y a eu bien des Paris depuis l'ancienne Lutèce : dans le Paris actuel, on retrouve encore vivante l'œuvre de chaque siècle, des monuments de tous les âges, de tous les styles, de toutes les formes.

Époque gallo-romaine. — En plein Quartier-Latin, au carrefour formé par les deux grandes voies qui le traversent : le boulevard Saint-Germain et le boulevard Saint-Michel, se trouve le délicieux

Palais des Thermes (III° siècle).

et vieil Hôtel de Cluny, qui date du xvᵉ siècle, mais qui renferme le
plus ancien des édifices parisiens : le Palais des Thermes, dont
l'existence remonte au iiiᵉ siècle ! Ses ruines donnent en façade sur
le boulevard Saint-Michel, d'où on les découvre dans leur ensemble.
Elles sont, d'un côté, prolongées par un bâtiment carré, utile
puisqu'il abrite de magnifiques carrosses des xviiᵉ et xviiiᵉ siècles,
mais regrettable parce qu'il ajoute la tache régulière et banale
d'une sorte de hangar maçonné aux débris pittoresques de l'antique
édifice romain. Sur le boulevard Saint-Germain, au contraire, derrière une grille de clôture, s'étend un square qui rappelle les
cimetières bretons auprès de leur église, tachant, quand vient la
nuit, ce carrefour bruyant d'un grand trou noir où l'on croit recon-
naître des pierres funéraires, des croix, des ossuaires, un calvaire,
dans les nombreuses colonnes, arcades, portail et statues qui ont été
réunis là. Ces trouvailles archéologiques proviennent d'anciennes
abbayes ou de fouilles récentes et font des jardins de l'Hôtel de
Cluny un musée en plein air.

Le vieux Palais des Thermes renferme un musée gallo-romain
des plus curieux, tandis que le somptueux hôtel a prêté son rez-
de-chaussée et son premier étage à de riches collections de meubles,

Entrée de l'Hôtel de Cluny.

2

L'église Saint-Germain-des-Prés.
(XI° siècle).

de tapisseries, d'orfèvrerie, de bijouterie, de sculpture, d'émaux, de faïences, de fers ciselés, etc. Parmi les objets précieux, on remarque une ceinture de chasteté très renommée et dont les visiteuses regardent le cadenas avec terreur, bien qu'il soit richement ciselé. Si la mode allait en revenir ! La balustrade à jour qui surmonte le premier étage de la façade; les magnifiques fenêtres et cheminées qui apparaissent par dessus le mur crénelé; la porte en arc surbaissé dans lequel se lit, sous le lierre, l'inscription : HÔTEL DE CLUNY; le vieux puits qui orne la première cour; enfin la chapelle aux riches ornementations, rivalisent d'intérêt et de splendeur avec les précieuses collections du Musée.

Moyen âge.— Quittant le Quartier-Latin pour l'aristocratique faubourg Saint-Germain, on rencontre, sur la place formée par le boulevard Saint-Germain, la large rue de Rennes et la vieille rue Bonaparte, le seul monument roman, aux gros

murs percés de fenêtres en plein cintre, qui soit à Paris :
c'est l'église Saint-Germain-des-Prés, datant du xie siècle.
Elle renferme néanmoins quelques parties de style ogival à
l'intérieur. Un mauvais porche du xviie siècle n'a d'autre
mérite que d'abriter, sur la place, ce qui reste de l'ancienne
porte romane.

Au-dessus s'élève l'austère et unique tour qui subsiste,
couronnée d'une haute flèche en ardoises. La nef a été
remaniée au xviiie siècle. La décoration polychrome de
l'intérieur date de ces trente dernières années : on y admire des fresques d'Hippolyte Flandrin.

Époque de l'architecture ogivale. — Le plus impor-
tant et le plus bel édifice de l'art gothique à Paris est
cette merveille qui s'appelle Notre-Dame. Commencée au
xiie siècle, elle fut achevée au xiiie. C'est un édifice de la
transition du roman au gothique, offrant seul en France,
dans les détails de sa construction, le cycle complet des
transformations qu'a subies l'architecture ogivale. « Les
grands édifices, comme les grandes montagnes, dit Victor
Hugo, sont l'ouvrage des siècles. Chaque flot du temps

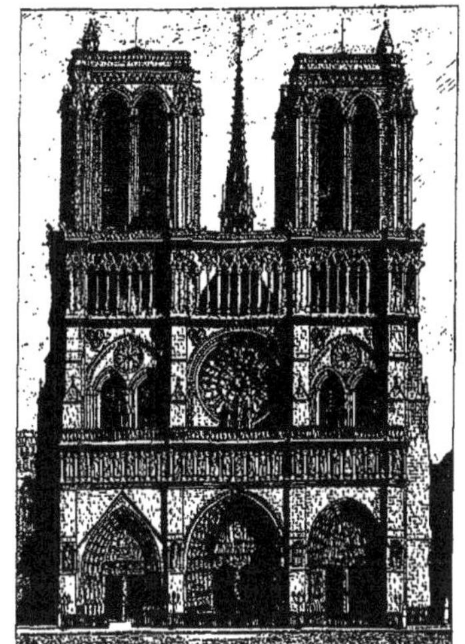

Notre-Dame de Paris (xiie et xiiie siècles).

superpose son alluvion, chaque race dépose sa
sa pierre. » La façade est empreinte, cependant,
phonie en pierre », dit encore le poète.

L'église métropolitaine de Notre-Dame est

couche sur le monument, chaque individu apporte
d'autant d'unité que de grandeur, « vaste sym-

située dans l'île de la Cité, le berceau de Paris;
devant la façade s'étend une grande place : le
Parvis, bordé à l'est par la basilique, au nord par
l'Hôtel-Dieu, à
l'ouest, par la
caserne de l'état-
major de la garde

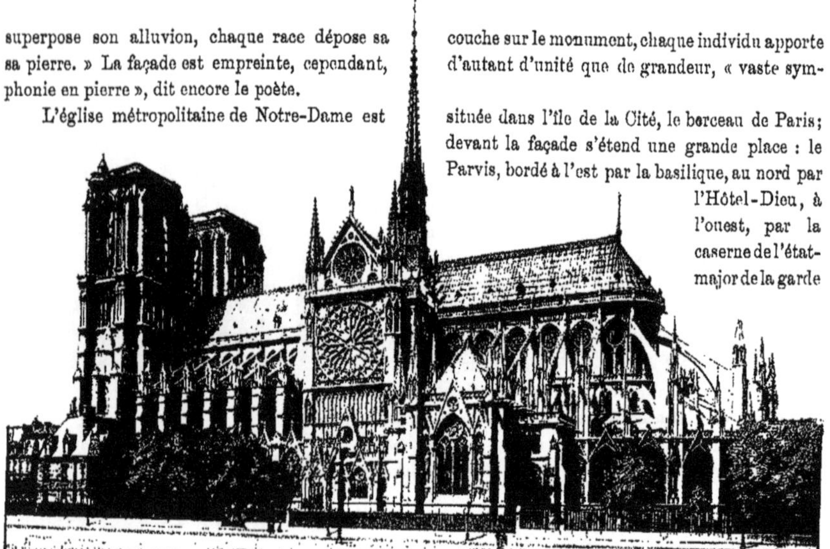

Maison de l'archiprêtre.Sacristie.Square de l'Archevêché.

NOTRE-DAME VUE DU QUAI DE LA TOURNELLE.

républicaine et des pompiers, au sud par la Seine.

Dans ces derniers siècles, le monument avait subi de cruelles mutilations ; Viollet-le-Duc, le dernier, a pu lui rendre une partie de sa splendeur du passé. La flèche en charpente a été rétablie par ses soins ; elle s'élève à 96 mètres au-dessus du sol, son poids est d'un demi-million de kilogrammes.

Notre-Dame a 127 mètres de longueur, 48 mètres de largeur et 34 mètres de hauteur. La hauteur des tours est de 68 mètres. L'église a deux portails latéraux et trois portes qui s'ouvrent sur la façade. Les pentures en fer dont sont revêtues deux de ces dernières sont d'un travail merveilleux. Au-dessus s'étend un majestueux cordon de statues abritées dans des arcades, appelé la Galerie des Rois et couronné par de grandes statues isolées. Une rosace immense surmonte le portail central. Mais ce qui attire le plus les yeux et les ravit, c'est, au-dessus de la rose, une sorte de portique soutenu sur toute la largeur de l'édifice par de fines et élégantes colonnettes à jour qui semblent supporter la masse des

Notre-Dame vue de la rue Chanoinesse.

Le Clocher de la Sainte-Chapelle.

deux tours jumelles, réellement arc-boutées sur des contreforts énormes. Les deux tours paraissent d'autant plus massives que les abat-sons les emplissent lourdement. Remarquons, en passant, que ce serait un bien beau spectacle le jour où l'on supprimerait les plans superposés de ces abat-sons, au risque d'entendre moins les cloches. Que de belles arcades, étroites et élancées, se découperaient alors sur le ciel, que de clochers à jour, au lieu de ces blocs noirâtres qui mettent la nuit là même où devrait percer la lumière !

« C'est au coucher du soleil, pendant les beaux jours, dit Viollet-le-Duc, qu'il faut voir le grand portail de Notre-Dame. Son front s'illumine des couleurs les plus chaudes, les verrières semblent jeter des étincelles ; ces myriades de figures, ces êtres étranges qui garnissent les galeries, paraissent s'animer comme un mystérieux concert. » L'aspect de l'intérieur est imposant. Les boiseries du chœur, le Trésor et le Reliquaire sont des plus intéressants à visiter.

Les distances kilométriques partant de Paris se

comptent des tours de Notre-Dame. Aux abords de l'église sont les vieilles rues du Cloître, Chanoinesse et des Chantres, du fond desquelles les tours, les contreforts, les gargouilles, la flèche, l'ange de l'arête du toit, prennent des aspects bizarres et fantastiques. Le square de l'Archevêché où se trouve une jolie fontaine entoure l'Abside.

Derrière les bâtiments de l'ancien Hôtel-Dieu, dont le rez-de-chaussée est transformé en refuge de nuit municipal et qui se voient de la place du Parvis, sur la rive gauche de la Seine, se trouve Saint-Julien-le-Pauvre. Son origine remonte aux premiers siècles ; l'église actuelle fut reconstruite vers la fin du xiiᵉ siècle. C'était, il y a douze ans encore, la chapelle de l'Hôtel-Dieu.

Saint-Julien-le-Pauvre était bien là, dans son quartier de pauvres, perdue au milieu de la rue de la Bûcherie, que traverse le pont couvert de l'Hôtel-Dieu, délaissée au fond de son enclos où il

Saint-Julien-le-Pauvre (xiiiᵉ siècle).

y avait quelque coquetterie à la découvrir, à aller en admirer les chapiteaux à feuillage dans le silence et la poussière du passé; mais tout cela va changer. La vieille église sera spécialement affectée aux catholiques du rite grec oriental qui ne possédaient pas jusqu'ici d'église à Paris.

La SAINTE-CHAPELLE, qu'il est regrettable de trouver ensevelie dans les bâtiments du Palais de Justice, est un des plus parfaits monuments du gothique pur en Europe. Elle comprend deux chapelles superposées voûtées en ogive. C'est sur l'escalier, alors en ruine, qui conduisait à la chapelle haute que Boileau dressa le champ de bataille du *Lutrin*. C'est encore Viollet-le-Duc qui sauva l'édifice de la ruine. Il en rétablit les merveilles primitives dans leur intégrité : ses verrières éclatantes, ses sculptures, ses peintures émaillées, ses statues et sa flèche gracieuse, « la flèche la plus hardie, la plus ouvrée,

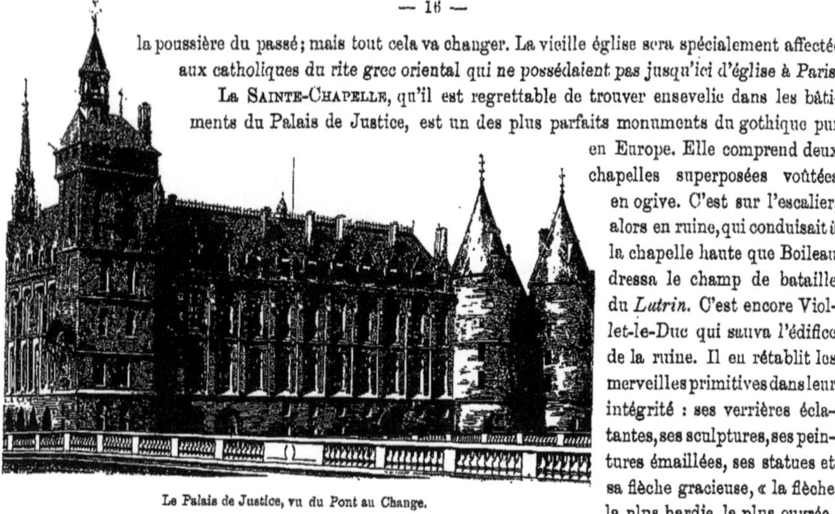

Le Palais de Justice, vu du Pont au Change.

la plus menuisée, la plus déchiquetée qui ait jamais laissé voir le ciel à travers son cône de dentelle ».

Cette jolie église, qui présente extérieurement la forme d'une châsse délicieusement sculptée, n'a que 35 mètres de long ; sa largeur extérieure est de 17 mètres. Sa flèche s'élève à 60 mètres au-dessus du sol.

XIV° *siècle.* — De la chapelle haute de la Sainte-Chapelle on pénètre dans le Palais de Justice, « composé bizarre de constructions appartenant à tous les âges, depuis le XIII° siècle jusqu'à nos jours ». La sévère tour carrée de l'Horloge, au coin du quai, et les deux tours rondes voisines ont été reconstruites dans le style du XIV° siècle. Dans ces dernières années, on a rétabli, sur le flanc de la tour de l'Horloge

Le Louvre, vu du Pont-Neuf, au-dessus de l'écluse de la Monnaie.

qui fait face au Tribunal de Commerce, un énorme cadran reposant sur un manteau royal fleurdelisé, reproduction exacte du passé. Les bâtiments qui rattachent les tours anciennes à une troisième tour ronde récemment construite, ainsi que ceux affectés à la Cour de Cassation reliant les quais de l'Horloge et des Orfèvres, au niveau de la vieille place Dauphine, datent de la fin du second Empire. En tournant encore vers la gauche et suivant le quai des Orfèvres, on passe devant les nouvelles constructions de la Préfecture de Police et, prenant la rue de la Sainte-Chapelle, on longe le bâtiment des Chambres correctionnelles et de la Conciergerie. La façade qui donne sur le boulevard du Palais, ainsi que la grille qui la précède, restaurée dernièrement, date du xviiie siècle. La salle des Pas-Perdus se trouve entre la grille dorée et la tour de l'Horloge.

Le xve *siècle* vit s'élever plusieurs églises, entre autres: Saint-Gervais, Saint-Séverin, Saint-Germain-l'Auxerrois, que nous rencontrerons au cours de nos promenades à travers Paris.

Au xvie *siècle* apparaît un style de transition, mélange du gothique et de la renaissance; Saint-Eustache, dans le quartier des Halles, et Saint-Étienne-du-Mont, près du Panthéon, en sont de magnifiques modèles.

Le Louvre. — Charles V avait déjà une première fois presque entièrement renouvelé le Louvre bâti par Philippe-Auguste. François Ier, à son tour, trouva le château, qui jusque-là avait servi d'arsenal, dans un état si déplorable, qu'il en décida la démolition. Les travaux de reconstruction commencèrent en 1541 sous la direction de Pierre Lescot. A la mort de François Ier, Catherine de Médicis en pressa l'achèvement; elle fit élever aussi le Pavillon central des anciennes Tuileries. Henri IV, voulant joindre les

Saint-Gervais (xve siècle).

Tuileries au Louvre, fit l'amorce du Pavillon de Flore, qui fut reconstruit sous le règne de Napoléon III, avec la Galerie du bord de l'eau. Louis XIII et Anne d'Autriche continuèrent les constructions qui forment la cour intérieure du Louvre. Claude Perrault, sous Louis XIV, exécuta la colonnade dont la renommée est européenne.

Les chiffres enlacés de Henri II et de Catherine, de Louis XIII et d'Anne d'Autriche, de Louis XIV et de Marie-Thérèse, marquent sur les façades les travaux exécutés sous ces différents règnes.

La Colonnade du Louvre (xvi° siècle).

Les monarques qui suivirent n'y firent que des restaurations. Napoléon Ier seul continua de quelques travées la galerie de la rue de Rivoli. Napoléon III fit la jonction définitive du Louvre et des Tuileries.

La Place des Vosges (XVIIe siècle).

Comme précédemment, les aigles du premier Empire et les N couronnés du dernier indiquèrent les constructions de ces époques.

Nous visiterons plus tard en détail les richesses intérieures et extérieures de cet immense et merveilleux palais.

Le XVIe siècle également vit commencer l'Hôtel de Ville qui, interrompu, fut terminé au XVIIe siècle. L'édifice reconstruit depuis 1871 a été bâti sur les plans de l'ancien appropriés aux besoins nouveaux. La Tour Saint-Jacques, rue de Rivoli, et, au cœur du Marais, l'Hôtel Carnavalet, datent de la même époque.

XVIIe *Siècle.* — Le Pont-Neuf, le plus ancien des ponts de Paris, fut achevé sous Henri IV. Les bâtiments de la place Royale, aujourd'hui place des Vosges, où apparaissent la pierre et la brique, heureusement mélangées, datent aussi de ce règne. De vastes galeries à arcades qui encadrent le jardin sont très intéressantes à voir, en même temps que le quartier du Marais dont il occupe le centre. En 1629, Richelieu fit reconstruire la Sorbonne et son église « moitié collège et moitié monastère », dont la vaste cour rectangulaire vous transporte par son aspect austère bien loin du gai Quartier-Latin. Puis, Marie de Médicis commença le Palais du

Luxembourg ; enfin de nombreux hôtels peuplèrent l'île Saint-Louis. Au xvii° siècle encore furent élevées un grand nombre d'églises parmi lesquelles Saint-Paul-Saint-Louis, rue Saint-Antoine, l'oratoire protestant de la rue Saint-Honoré, la chapelle du Val-de-Grâce. Mazarin se fit bâtir une somptueuse résidence entre les rues de Richelieu et Vivienne et ces bâtiments, affectés aujourd'hui à des services de la Bibliothèque nationale, don-

La Sorbonne, construite par Richelieu (xvii° siècle).

La Porte Saint-Denis
(XVIIᵉ siècle).

nent une idée vraie des anciennes habi-
tations seigneuriales.

Du XVIIᵉ siècle aussi datent l'Observatoire, la place Vendôme, la Porte Saint-
Denis, la Porte Saint-Martin, Saint-
Sulpice, Saint-Louis-en-l'Ile, le Palais-
Royal modifié plus tard, le Palais de
l'Institut en face le Pont des Arts, enfin
l'Hôtel des Invalides, bâti en quatre
années, tel qu'il subsiste aujourd'hui.
De l'Esplanade magnifique, longue de
500 mètres et large de 250, qui le sé-
pare des quais, on a devant soi, au premier plan, les larges fossés bordant
l'Hôtel et au-dessus desquels des canons,
pris à l'ennemi, ouvrent leur gueule
tournée vers la Seine. Ce sont eux qui,
suivant la légende, sont chargés de ton-
ner à chaque grand événement parisien,
pour annoncer à Paris que « la fête

commence ! » En réalité, c'est une batterie d'artillerie placée sur la berge qui se charge de ce soin.

De chaque côté de l'entrée, de petits jardins cultivés par les pensionnaires, tous soldats blessés ou vieillis dans le métier des armes, conduisent à l'imposante façade à quatre étages de l'Hôtel. Elle mesure 210 mètres et ne compte pas moins de 133 fenêtres ornées dans les parties élevées de trophées militaires. La cour d'honneur, avec sa double rangée d'arcades où l'on retrouve la

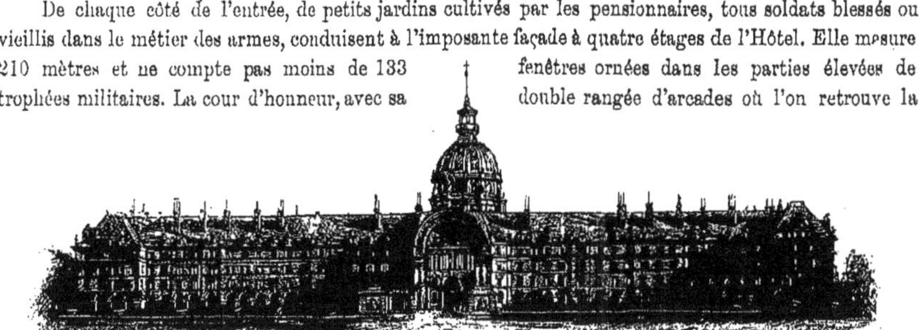

Hôtel des Invalides (XVIIe siècle).

statue de l'empereur en redingote grise, retour de la place Vendôme, donne accès dans de grands réfectoires décorés de peintures représentant les campagnes de Louis XIV.

Le Musée d'Artillerie qui renferme de riches collections d'armures dont quelques-unes ont appartenu aux rois de France, des armes, purs chefs-d'œuvre de la Renaissance, des costumes historiques de tous les temps, des pièces d'artillerie et des bouches à feu depuis que l'on a inventé la poudre ! le magnifique tombeau de Napoléon Ier, ceux de Turenne, de Vauban, de Jérôme et de Joseph Bonaparte, la chapelle Saint-Louis pavoisée de drapeaux conquis ; tout cet ensemble fait de l'Hôtel des Invalides l'une des principales curiosités de la capitale. Le Dôme doré, qui atteint à 105 mètres de hauteur, est entouré de 24 colonnes corinthiennes et couronné d'une lanterne surmontée d'une flèche avec croix.

Les jours de fête populaire peuplent encore le voisinage de vétérans en goguette. Les boutons des capotes, vigoureusement astiqués, étincellent au soleil et, dans les cabarets qui bordent l'Esplanade, il n'est pas rare de voir un luron à la jambe de bois embrasser sa vieille Victoire, par droit de conquête.

Au xviiie *siècle.* — Sous Louis XV, on construit l'École Militaire, puis les bâtiments du Ministère actuel de la marine et des colonies et de l'ancien Garde-Meuble, formant, au nord de la place de la Concorde, l'entrée de la rue Royale. Encadrés par les Champs-Élysées à l'ouest et le jardin des Tuileries à l'est, ils ont chacun 96 mètres de façade sur 25 mètres de hauteur. Leur colonnade, composée de douze colonnes corinthiennes supportant une frise avec balustrade à jour, est terminée par deux pavillons en avant-corps. Le bâtiment de l'ouest appartient aujourd'hui à des particuliers.

La place de la Concorde et le pont du même nom, le Panthéon, l'École de Droit, la Madeleine, achevée seulement en 1842, la Monnaie, Saint-Philippe-du-Roule, dans la rue du faubourg Saint-Honoré, et l'École de Médecine, datent de la même époque.

Les nouvelles constructions durent forcément s'arrêter si l'on en croit la chronique qui rapporte que Louis XV avait fait placer au coin des rues, du côté des faubourgs, une borne à ses armes indiquant qu'il était interdit de bâtir au delà !

Louis XVI construisit à son tour le mur d'enceinte de la Ville qui subsista jusqu'en 1860, le Palais de l'Élysée et enfin le Théâtre de l'Odéon, le Théâtre-Français de la rive gauche qui, jadis incendié à deux reprises, subsiste en dépit de ces calamités, remis à neuf depuis quinze ans !

Une vieille légende pari-sienne veut qu'on le considère comme « au bout de la terre », trop loin pour être fréquenté ; les spectacles à succès viennent renverser la tradition, et l'Odéon fait le *maximum*, — moins souvent, mais tout

Ancien Garde-Meuble.

Madeleine. — Obélisque.
Ministère de la Marine.

xviiiᵉ siècle. — Place de la Concorde.

4

aussi bien que la salle de la rue de Richelieu,
— surtout les jours où l'on entend la musique de
Massenet, Bizet ou Mendelssohn. De larges galeries

Théâtre de l'Odéon (XVIIIᵉ siècle).

percées d'arcades cintrées font le tour du théâtre;
elles sont occupées par des libraires toujours pour-
vus des livres nouveaux, à la grande joie des amateurs qui peuvent regarder là, à leur aise et à l'abri
des intempéries, les nouveautés à sensation.

Les Galeries du Théâtre.

Arrive notre siècle, le xixe.

Le Premier Empire élève l'Arc du Carrousel, l'Arc de Triomphe de l'Étoile,

Monceau de pierre assis sur un monceau de gloire !

et la colonne Vendôme, au centre de la grande place construite par Louis XIV, sous le nom de place des Conquêtes : tous monuments élevés pour chanter les louanges des armées de Napoléon. Le 25 août 1806, on commença la construction de la Colonne d'Austerlitz. La campagne de 1805, dit M. G. Dolot[1], fournit à propos 1,200 canons russes et autrichiens, 1,800,000 livres de bronze ! La pierre intérieure, qui renferme un escalier étroit conduisant à la plate-forme, est entourée de ces plaques en spirale retraçant en bas-reliefs les principaux faits d'armes de la glorieuse épopée.

Cette colonne fut couronnée de la statue de l'Empereur en César romain, tenant une Victoire dans sa main, et telle qu'on la voit aujourd'hui.

1. Note historique sur la Place Vendôme (Maison Quantin, éd.)

XIXᵉ siècle. — La Colonne Vendôme.

Puis s'édifient le Palais
LA RESTAURATION vit
près du faubourg
au fond de la rue
SOUS LOUIS-
lisque de Louqsor,
dissements d'un
lonne triomphale

Boulevard Malesherbes.   Église Saint-Augustin.

du Corps législatif, la Halle aux Vins, les Abattoirs, la Bourse. naître Notre-Dame de Lorette, dans la rue de Châteaudun, Montmartre ; Saint-Vincent-de-Paul, rue Lafayette, d'Hauteville.

PHILIPPE, l'architecte Lebas mit en place l'Obé- « élevé par Lebas, le 25 octobre 1836, aux applau- peuple immense » ; puis fut érigée la Co- de Juillet, en souvenir des trois journées de Juillet 1830. Elle remplaçait l'Éléphant, palais de Gavroche, bâti sur l'emplacement de la Bastille. Sur la fonte sont inscrits les noms des combattants enterrés à sa base, le génie de la Liberté la couronne. C'est du règne de Louis-Philippe que datait le petit caporal, en redingote grise et coiffé du chapeau populaire, qui surmonta la Colonne Vendôme jusqu'en 1863. A la même époque furent construites de nombreuses fontaines, dont les plus importantes sont: la Fontaine Molière, rue Richelieu; celle du square Louvois, et celle de la place Saint-Sulpice.

Du Second Empire il faut citer : parmi les églises nouvelles, Saint-Ambroise, sur le boulevard Voltaire ; la Trinité au fond de la Chaussée-d'Antin ; Sainte-Clotilde, sur la place Bellechasse ; Saint-Augustin, dans le style de la Renaissance italienne, au coin du boulevard Haussmann et du boulevard Malesherbes ; enfin Saint-Jean-Baptiste, à Belleville, dans le style du XIIIᵉ siècle. Parmi les monuments civils : le Palais de l'Industrie,

Le Théâtre de l'Opéra.

aux Champs-Élysées, les Halles centrales, le Tribunal de Commerce dans la Cité. Des salles de spectacle : les théâtres de la Gaîté, du Châtelet et des Nations, occupé aujourd'hui par la troupe de l'Opéra-Comique. Puis, au coin de la Chaussée-d'Antin, le Vaudeville ; enfin, l'Opéra.

L'Opéra, dont la façade se montre en retrait sur le boulevard des Capucines, au fond de la place de l'Opéra, au carrefour formé par les rues Auber à gauche et Halévy à droite, a été inauguré en 1875. Les rues Scribe et Glück, qui rencontrent les rues Auber et Halévy, complètent la forme d'un losange que présente le monument. La façade, en marbres de couleurs, se compose d'un soubassement à arcades entre lesquelles sont disposés des groupes et des statues symboliques de l'art lyrique. Le premier étage, décoré d'une colonnade d'ordre corinthien, forme une superbe loggia au-dessus de laquelle des œils-de-bœuf renferment les bustes des compositeurs célèbres. Deux frontons circulaires occupent les angles de la façade ; ils supportent des groupes représentant l'Harmonie et la Poésie reliés par une rangée de masques en bronze doré. Au-dessus de la salle s'élève la coupole, en forme de couronne. Un immense fronton marque extérieurement la place du rideau de la scène, dont les angles formés par deux Pégases se détachent sur le ciel, dominés par un groupe allégorique central. A l'est, sur la rue Halévy, un vaste pavillon percé à jour par de hautes arcades recouvrant un vestibule clos et chauffé l'hiver permet aux voitures de prendre leurs voyageurs sans qu'ils aient à sortir de l'abri. Le pavillon de la rue Auber est muni d'une large double rampe, qui peut amener les voitures jusqu'aux grandes loges ; c'est aujourd'hui l'escalier de la Bibliothèque.

Derrière l'Opéra passe le boulevard Haussmann, où commence la longue rue Lafayette, — qui, continuée par la rue d'Allemagne, va en *ligne droite* jusqu'à Pantin.

Après avoir gravi le perron et traversé un premier vestibule extérieur, on accède à un second vestibule où sont établis les contrôles. En face monte l'escalier magnifique dont
la voûte est éclairée par un vitrage. Les rampes et balcons en saillie,
taillés dans des marbres de toutes couleurs et de toutes provenances,
l'éclatante blancheur des degrés, les cariatides qui ouvrent la porte de
l'amphithéâtre, la richesse et l'élégance des candélabres, tous ces marbres
et tous ces porphyres éblouissent, étonnent, vous transportent comme par
enchantement dans quelque merveilleux palais vénitien.

L'avant-foyer, que recouvre une voûte
révêtue de mosaïques sur fond d'or est une
autre merveille. Le grand foyer a 54 mètres
de longueur, 13 de largeur et 18 de hauteur.
Son plafond est enrichi des chefs-d'œuvre de
Baudry. Et partout les décorations rivalisent
d'éclat avec les bouquets de lumière électrique
et les lustres étincelants qui descendent de la
voûte. De grandes portes vitrées ouvrent sur la
loggia majestueuse d'où l'on découvre l'avenue
de l'Opéra, que croisent les grands boulevards.

Opéra. — Le Pavillon de la rue Auber.

La salle n'est pas moins riche ; la scène est la plus grande des scènes actuelles. En visitant le foyer

de la danse, puis les cintres et les sous-
sols, jusqu'au 5ᵉ dessous, on se fait une
idée de ce « monde » qu'est un théâtre
comme l'Opéra un soir de représentation. Les cintres, reliés entre eux par un

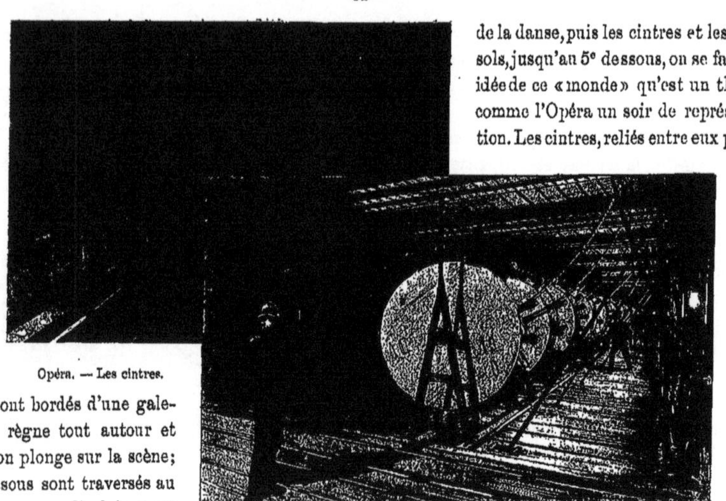

Opéra. — Les cintres.

pont, sont bordés d'une galerie qui règne tout autour et
d'où l'on plonge sur la scène;
les dessous sont traversés au
centre, perpendiculairement
et sur toute leur profondeur,

Le cinquième dessous.

par les « toiles de fond » qui descendent et remontent.
De chaque côté, des tambours en longue file servent à
mouvoir les décors; au-dessous de la rampe est installée
la lumière électrique.

LA TROISIÈME RÉPUBLIQUE réédifia en outre l'Hôtel
de Ville, agrandit les galeries du Jardin des Plantes,
vit s'élever l'église du Sacré-Cœur, à Montmartre,
construisit le Trocadéro, l'Hôtel-Dieu, les bâtiments
nouveaux de l'École de Médecine, l'École de Pharmacie, l'École Centrale des Arts et Manufactures,
1, rue Montgolfier, l'Hôtel des Postes, la nouvelle
Sorbonne, plusieurs Musées et Hôpitaux, la Bourse du
Commerce, ancienne Halle au blé, la gare Saint-Lazare,
et orna Paris entier d'innombrables statues. On a vu
dans le même temps se dresser sur leurs piédestaux :
Jeanne d'Arc et Voltaire, Béranger et Charlemagne,
Claude Bernard, Berlioz, Gambetta, Alexandre Dumas,
Louis Blanc, Jean-Jacques Rousseau, Diderot, etc., etc.

La rue de la Bonne, ancienne rue des Rosiers,
et l'Église du Sacré-Cœur.

Il serait injuste de dire que l'œuvre de la statuaire soit une œuvre de parti. Toutes les opinions, toutes
les religions, tous les siècles, les célébrités de « toutes les grandeurs » ont trouvé leur interprète !

PARIS VU DE SES SOMMETS ET DE SES TOITS

Vue prise d'une terrasse du quai Voltaire.

Nous venons de passer en revue les principales richesses archéologiques et monumentales de Paris, présentées dans l'ordre chronologique, d'après leur date de construction ; nous pouvons maintenant nous rendre compte des développements successifs de la grande ville, et nous expliquer facilement les divers panoramas qu'elle offre aux yeux du touriste, grâce aux dômes, flèches et silhouettes que nous reconnaîtrons de nos différents points d'observation. De là aussi, nous verrons les positions respectives qu'occupent les chefs-d'œuvre et les curiosités de tous les âges dans ce formidable champ fortifié, semé de 90,000 maisons et qu'arrose la Seine qui le traverse de l'est à l'ouest.

Paris a huit lieues et demie de circonférence, une superficie de 7,802 hectares, et renferme deux millions et demi d'habitants. Il n'est, bien entendu, pas un point de son immense surface qui nous permette d'embrasser la ville dans toute son étendue ; mais il n'est pas rare, étant donnée l'élévation des maisons parisiennes, et si l'on ne craint pas de loger un peu haut, de jouir de vues étonnamment vastes et curieuses. Et, de fait, en dehors des gens à respiration courte, des commerçants qui occupent les étages voisins de leur rez-de-chaussée et des avoués, avocats, notaires, médecins et dentistes qui veulent éviter à leur clientèle une ascension pénible, les habitants de Paris logent très haut. On peut dire que le type de l'appartement parisien est au cinquième étage, avec son balcon où l'on respire, et dont les fenêtres, plus ou moins

L'Église Saint-Eustache.　　　　Vue prise du 6ᵉ étage.

nombreuses, reçoivent mieux la lumière. Dans bien des quartiers il serait impossible de trouver un logement au-dessous du cinquième ; les industries les plus diverses grimpant couramment jusqu'à l'étage du dessous et pavoisant quelquefois la maison entière d'enseignes aux mille bigarrures.

Les maisons du bord de la Seine sont particulièrement bien situées pour offrir à leurs habitants — et surtout aux locataires des étages supérieurs — des perspectives riantes, agréablement coupées par le sillon mouvant du fleuve. Les maisons des quartiers dits excentriques, c'est-à-dire situées sur des hauteurs comme Ménilmontant, Belleville, Montmartre, Passy, Auteuil, Grenelle, Montrouge et les alentours du Panthéon ne sont pas moins bien partagées, et leurs fenêtres offrent, suivant leurs positions, des vues très étendues sur Paris ou sur la campagne environnante.

De plus d'un point du centre même, si l'on fait abstraction des premiers plans, toujours abondamment entrecoupés de tuyaux de cheminée, et si l'œil se porte au loin, on voit encore, par-dessus les toits, les aimables perspectives des hauteurs qui avoisinent Paris se dessiner dans un horizon assez clair pendant les beaux jours, pour laisser entrevoir le clocher du « pays » où l'on ira manger une friture le dimanche suivant. Toutefois, souvent aussi, le Parisien doit être philosophe, savoir se contenter de peu, et se distraire en plongeant du haut de son balcon, si ce n'est par-dessus la gouttière, dans le grouillement qui s'agite au bas de ses fenêtres.

Les moins privilégiés, enfin, n'ont qu'à regarder les toits et les chats qui les peuplent. Qu'importe, s'ils ont l'heureux privilège de la jeunesse ! Béranger, vieilli, a chanté leur bonheur :

Bravant le monde, et les sots et les sages,
Sans avenir, riche de mon printemps,
Leste et joyeux, je montais six étages,
Dans un grenier qu'on est bien à vingt ans !

Mais il y. a à Paris, pour avoir une vue d'ensemble de l'immense ville, quelques postes d'observation à la portée de tous et du haut desquels on découvre de merveilleux panoramas. Ce sont : les tours de Notre-Dame, le Panthéon, la tour Saint-Gervais, la tour Saint-Jacques, l'Arc de Triomphe, enfin la tour Eiffel. De là, on se rend compte des développements successifs de l'antique Lutèce.

C'est d'abord la ville primitive, renfermée dans l'île de la Cité, et qui ne s'étendait que du chevet de Notre-Dame à la rue du Harlay : « faite comme un navire échoué au fil de l'eau et amarré par de nombreux ponts aux deux rives du fleuve. » Aussi est-ce un navire qui blasonne le vieil écusson de Paris. Déjà on voit se former le réseau des futures grandes voies de la ville. « Paris, dit Victor Hugo, demeura plusieurs siècles à l'état d'île. Puis, dès les rois de la première race, trop à l'étroit dans son île, et ne pouvant plus s'y retourner, Paris passa l'eau. »

Le Paris de Philippe-Auguste comprenait déjà trois villes distinctes : l'île de la Cité, l'Université sur la rive gauche, la Ville sur la rive droite ; et, depuis, toujours con-

Vue prise sur les toits.

centriquement et parallèlement au premier plan, Paris s'agrandit. Sous les rois de la troisième race, Paris allait de Saint-Germain-l'Auxerrois au Pont-Marie sur la rive droite ; du pont de la Tournelle à la Tour de Nesle, aujourd'hui le Palais de l'Institut sur la rive gauche. Charles V ne changea rien du côté du midi, il recula seulement les murailles au nord et à l'ouest. Elles allèrent à peu près du Palais-Royal à la Porte Saint-Denis et de la Porte Saint-Denis à la Bastille. Sous Henri IV, le faubourg Saint-Germain forma un nouveau quartier et le Marais s'accrut d'un grand nombre de rues.

Louix XIV supprima l'enceinte. Paris suivit alors, au nord, la ligne des grands boulevards, à l'ouest, la rue de Bourgogne, au sud, les boulevards Montparnasse et du Port-Royal pour aboutir, à l'est, à la Seine, derrière le Jardin des Plantes. Louis XVI engloba les faubourgs qui étaient compris entre les grands boulevards et nos derniers boulevards extérieurs. En 1860, ceux-ci devinrent intérieurs ; de nouveaux boulevards extérieurs à la ville, mais compris dans les fortifications considérablement reculées, permettent de faire le tour entier de Paris.

Montons sur les tours de Notre-Dame.

De là, le panorama est merveilleux. C'est un éblouissement de toits, de cheminées, de rues, de ponts, de places, de flèches, de clochers.

On reconnaît, à gauche, la montagne Sainte-Geneviève « faisant une ampoule énorme » que domine le Panthéon. Et en tournant lentement de gauche à droite défilent : le dôme du Val-de-Grâce dans l'alignement de l'église de Montrouge dont le clocher quadrangulaire apparaît au loin ; — la coupole de la Sorbonne, qui semble être une simplification de celle du Val-de-Grâce, et derrière, la tour de style roman de Notre-Dame-des-Champs, l'église du boulevard Montparnasse ; — tout près de la Seine, sur la rive gauche, Saint-Séverin, dont le clocher se découpe gracieusement en avant des deux mas-

PANORAMA DE PARIS PRIS DU HAUT DE LA TOUR SAINT-GERVAIS

sives tours de l'église Saint-Sulpice, qui de là, bien mieux que de près, présente un ensemble imposant; — puis, les deux tours de Saint-François-Xavier, au boulevard des Invalides, se profilant à gauche des constructions de l'Exposition de 1889 ; — plus près , le clocher de Saint-Germain-des-Prés coupe en ligne droite le dôme des Invalides qui étincelle sous les rayons du soleil ; — entre le Trocadéro, en avant du Mont-Valérien couronné par son fort, et les Invalides, s'élance hardie la tour Eiffel ; — enfin, avant de passer la Seine, les deux flèches aiguës et ajourées de Sainte-Clotilde.

Traversant le fleuve, tout de suite au fond et en face, l'Arc de Triomphe dont « l'arche démesurée » ne perd pas, à cette distance, de sa majesté et de sa grandeur,

> . . . dont la courbe au loin, par le couchant dorée,
> S'emplit d'azur céleste. . . . . .;

tout près, le délicieux clocher de la Sainte-Chapelle fait briller ses dorures; derrière, la masse écrasante du Louvre, avec ses grands bâtiments carrés surmontés de leurs nombreux pavillons, occupe un espace immense ; — à gauche, apparaît, comme la tache blanche des vitres d'une grande serre, le Palais de l'Industrie; — à droite, le large dôme, surmonté de sa lanterne, de l'église Saint-Augustin ; — puis les frontons et la couronne de l'Opéra ; — les deux dômes superposés de la Trinité ; et, plus près, Saint-Eustache, dont les deux énormes toits sont soutenus et décorés par des arcs-boutants, des gargouilles et des contreforts à pinacle.

Au loin, sur les hau-
teurs, le Moulin de la
Galette qui ressemble, de
là, à un jouet d'enfant,
Montmartre et les écha-
faudages formidables du
Sacré-Cœur ; — bien
près, et plus à droite, la
tour Saint-Jacques avec
sa statue colossale et les
énormes animaux qui or-
nent sa plate-forme re-
gardant Notre-Dame.

Au nord, et au loin,
les deux tours carrées de
Saint-Vincent-de-Paul ;
— tout près, l'Hôtel de
Ville dont la façade se
profile en une ligne per-

Panorama pris du haut de l'Opéra pendant une course de ballons.

pendiculaire à notre tour d'observation ; — derrière, l'église Saint-Gervais et sa tour, puis Saint-Paul-

Saint-Louis et, à côté, la colonne de Juillet qui ne paraît pas plus haute qu'une maison à six étages. Plus à gauche et au fond, les deux flèches de Saint-Ambroise.

Traversant de nouveau le large ruban de la Seine, qui se divise, au-dessous du pont Saint-Louis, en trois rubans plus étroits pour former l'île Saint-Louis, dont la pointe occidentale fait face, et l'île de la Cité, que ferme à l'orient la Morgue, on revient sur la rive gauche marquée tout de suite par le dôme de la Salpêtrière. Regardant au sud on revoit le Panthéon précédé de la déchiqueture bizarre que présente l'église Saint-Étienne-du-Mont. Encore, n'avons-nous mentionné dans cette vue circulaire que les silhouettes qui tranchent nettement l'horizon, que l'on voit sans recherche, qui sautent aux yeux !

La plate-forme de Notre-Dame d'où l'on découvre cet immense panorama est à 68 mètres au-dessus du sol. On compte 397 marches pour y atteindre.

En descendant, il ne faut pas manquer de visiter la grande galerie, qui se trouve à 127 marches au-dessous du sommet des tours. On découvre de là, en tournant le dos à la place du Parvis, une des plus saisissantes perspectives architecturales qu'il soit donné d'admirer. C'est l'arête dentelée de la toiture de la grande nef que l'on domine, coupée par la ligne des portails latéraux dans la forme d'une croix latine, dont la haute flèche à jour de la Basilique occupe le centre. A l'extrémité de cette arête la plus proche un ange, vu de face, et qui semble souffler dans un chalumeau à la façon d'un berger réunissant son troupeau, est entouré des animaux les plus étranges parmi lesquels on trouve un éléphant, un ours, un aigle, des singes aux lourdes mamelles. Sur ces êtres fantastiques viennent en coassant se poser des corbeaux d'un noir de jais, heureux d'errer librement dans ce merveilleux domaine; ils courent sur les galeries, rentrent dans les clochetons que leur a ouverts le temps impitoyable qui, soudainement pris de pitié,

      . . . . . dans la frise antique
Ote une pierre et met un nid.

. . . .
Lui qui remplit d'oiseaux les sculptures farouches,
Met la vie en leurs flancs et de leurs mornes bouches
     Fait sortir mille cris.

Avant de quitter la grande galerie, il faut se laisser conduire dans la tour de gauche par le vieux sonneur, sourd comme Quasimodo et qui est là depuis cinquante ans. Il vous fera l'éloge du Bourdon donné par Louis XIV et qui pèse 18,000 kilogrammes; il vous démontrera, le marteau en main, que la fameuse cloche de Sébastopol ne vaut rien et qu'elle n'a le droit d'être là qu'à titre de souvenir.

Nous avons dit de quels autres sommets encore l'on découvrait de beaux panoramas de Paris. Nous recommandons tout de suite après Notre-Dame, la tour de l'église Saint-Gervais, avec sa vue magnifique

Le Dôme de la Salpêtrière et l'Allée de l'Église.

Le Dôme doré des Invalides, place Vauban.

sur la Seine, et d'où l'on peut facilement compter devant soi sept ponts : pont d'Arcole, pont Notre-Dame, pont au Change, Pont-Neuf, pont des Arts, des Saints-Pères ou du Carrousel, pont Royal ; en face, se groupent les curieuses tours carrées et rondes du Palais de Justice ; à gauche se profile délicieusement Notre-Dame.

Veut-on maintenant se rendre compte du Paris *mouvementé*, il faut monter sur la plate-forme de l'Arc de l'Étoile, d'où le panorama sur la ville est aussi magnifique et d'où l'on voit, de très près, l'animation extraordinaire que prennent, pendant les beaux jours, la longue Avenue des Champs-Élysées et les Avenues environnantes.

Enfin, parmi les points de vue beaucoup plus accessibles, il faut citer en première ligne la plupart des ponts de Paris, qui laissent voir de curieuses perspectives sur la Cité ou vers l'ouest qu'embrasent les derniers feux du soleil couchant.

A TRAVERS PARIS

I. — Les moyens de locomotion. — Nous venons de voir avec quelle méthode régulière Paris a procédé à ses développements successifs. Aussi est-il particulièrement facile au visiteur de s'y orienter et de circuler dans toutes les directions.

Il y a dans la Capitale de nombreux moyens de locomotion. En attendant le chemin de fer funiculaire dont la construction est votée et qui ira tout d'abord de la place de la République à Belleville, parcourant 2 kilomètres en dix minutes, nous avons les omnibus et les tramways. Pour 0,15 c. sur l'impériale et 0,30 c. à l'intérieur ou sur la plate-forme, on traverse tout Paris. En payant 0,30 c. en haut comme à l'intérieur, on a le droit de correspondre avec une deuxième ligne ; ce n'est certainement pas cher pour un touriste, c'est inabordable cependant pour les travailleurs parisiens qui ne peuvent, ayant à traverser la ville, prélever 60 centimes sur leur journée maigre — bien que fatigante. —

Un tramway par un temps de pluie.

Mais il est question de réduire le prix pour eux, c'est-à-dire à l'heure où ils vont à leur travail et en reviennent ; ce ne sera que justice.

Il y a à Paris 75 lignes de tramways et d'omnibus à itinéraire fixe comprenant sur les plus longs

Attendant la « correspondance ».

trajets 6 à 8 kilomètres toujours parcourus en moins d'une heure. De grandes voitures mises depuis quelques années en service sur plusieurs de ces lignes permettent aux dames de profiter des avantages de l'*impériale*, et nous ne connaissons pas de plus agréable mode de voyager dans Paris... quand il ne pleut

Une station de fiacres.

pas ou qu'il ne gèle pas. Les Parisiens toutefois sont intrépides — et quelque peu imprudents, de là
force rhumes et bronchites — ils n'hésitent pas à grelotter à ciel découvert ou à s'exposer aux averses :
hiver comme été les impériales sont toujours très garnies de voyageurs. C'est que de là — économie à
part — on voit à son aise le mouvement et la physionomie de Paris qui changent de quartier en quartier.

Le vrai Parisien ne fait jamais arrêter l'omnibus ; il aime à sauter sur le marchepied et attend volon-
tiers pour monter que la voiture soit lancée à grande vitesse. Il descend de même en avant, en arrière,
de côté, avec une remarquable agilité. Il y a bien quelques accrocs par ci, par là, mais n'en parlons pas :
il faut s'exercer, c'est une habitude à prendre. Malgré le nombre respectable d'immenses véhicules
qui traversent Paris, la fatale plaque apposée au-dessus de la portière montre souvent le mot : COMPLET.

Des bureaux de stations, multipliés sur le parcours, délivrent des numéros d'ordre pour les

différentes lignes en correspondance
pénible de vouloir attendre la *cor-*
doivent prochainement accélérer le
tramways, qui passaient à des inter-
Sans parler ici des omnibus
des voitures de remise (voir aux
un autre moyen de transport fort
ou *sapin* appelée aussi *ver rongeur*
plus couramment *fiacre*. Vous en
un fiacre qui passe vide, par un
vous exposer à l'entendre vous crier:
qu'on ne peut vous prendre ; ou bien
flacre s'éloigne rapidement : ils ne
fuient le voyageur qu'il ne leur platt
arrive quelquefois qu'on ne trouve
aucun cocher. De nombreux débits
des touristes. Il ne faut pas hésiter
trouverez d'ailleurs, en avant du
muni, à sa partie inférieure, d'un

Un encombrement de voitures.

sur chaque point. Il est quelquefois
respondance; mais, plusieurs lignes
mouvement de leurs omnibus ou
valles trop éloignés. Ce sera parfait.
de chemins de fer, de famille et
Renseignements pratiques), il y a
en usage : c'est la voiture de place,
quand elle est prise à l'heure, et
verrez partout, mais vouloir arrêter
signe au cocher, c'est le plus souvent
« J'vas relayer ! » ce qui veut dire
encore : « Où allez-vous ? » Et le
filent jamais aussi vite que quand ils
pas de conduire. Aux stations, il
qu'une longue file de voitures sans
voisins les dissimulent aux recherches
à aller les relancer jusque-là. Vous
premier flacre, dans un kiosque
robinet d'eau, un gardien de la paix

qui vous renseignera... sur la marche à suivre... pour essayer de décider... un cocher à vous conduire.

Hâtons-nous de dire, cependant, que si le cocher de fiacre n'est pas toujours aimable, il est toujours honnête et que les vieux connaissent admirablement la ville. Si vous avez eu le soin de conserver le numéro de votre voiture, vous êtes assuré de retrouver en dépôt à la préfecture de police l'objet que vous aurez oublié.

Une querelle de cochers.

Les « sapins » courent dans tous les sens, à travers les lourds omnibus qui se rejettent brusquement de côté en traversant les rails des tramways ; toutes les voies de Paris sont sillonnées de ces véhicules grands et petits perpétuellement en mouvement.

Le conducteur.

Il se produit parfois des rencontres fâcheuses, mais peu d'accidents graves : tout ce monde de cochers étant très habile à conduire. L'encombrement amène nécessairement une querelle entre les représentants des compagnies concurrentes. Tel *Urbaine* n'aime pas les *Camille* ou la *Générale*, mais le cocher d'omnibus, qui du haut de son siège plane au-dessus de ces misères a bien vite mis d'accord les querelleurs, et l'aimable conducteur — si prévenant, lui, pour les dames — rattrape le retard en tirant vigoureusement le cordon de « la boîte à canaille », selon le mot d'un auteur célèbre. Il y a encore le chemin de fer de ceinture faisant le tour de Paris, et que nous retrouverons plus loin ; puis, sur la Seine, les bateaux-omnibus, parisiens, express, mouches et hirondelles, qui filent rapides et silencieux au courant de l'eau, s'arrêtant à tous les points importants.

7

II. — **De la Madeleine à la Bastille par les grands boulevards.** — La première promenade

L'Église de la Madeleine.

qui s'impose pour se faire une idée rapide du Paris vivant, c'est la traversée des grands boulevards

universellement renommés et qui conduisent — en allant des numéros les
plus élevés aux plus bas — de la Madeleine à la Bastille.

La Madeleine ressemble peu à
une église; Napoléon Ier, lorsqu'il en
reprit la construction interrompue
pendant la Révolution, voulait en
faire un temple de la gloire et ces plans
ne furent pas modifiés lorsqu'on
acheva l'édifice. Une majestueuse
colonnade l'entoure; sa façade que
précède un grand escalier de 18 marches, est surmontée d'un fronton représentant le Jugement dernier.

Partant de l'église qui regarde
obliquement le riche BOULEVARD DE
LA MADELEINE, on rencontre, à droite,
la rue Cambon qui conduit au Jardin
des Tuileries, et la rue des Capucines

Le Boulevard des Italiens.

où apparaît la façade du Crédit Foncier de France. On entre alors sur le Boulevard des Capucines. A gauche, la rue Scribe, le Grand-Hôtel, puis la place de l'Opéra et l'Académie nationale de musique. A droite, l'avenue de l'Opéra, aboutissant au Théâtre-Français, et au fond de laquelle on aperçoit quelques pavillons du Louvre ; — la large rue de la Paix, au milieu de laquelle se dresse la colonne Vendôme sur la place de ce nom, où se trouve l'hôtel du Ministère de la Justice et des Cultes ; — la rue du Quatre-Septembre conduisant à la Bourse. Au coin de la rue de la Chaussée-d'Antin, qui finit à l'église de la Trinité, le Théâtre du Vaudeville avance sa demi-rotonde en face de celle du pavillon de Hanovre faisant le coin de la rue Louis-le-Grand.

Là commence le Boulevard des Italiens. *A gauche*, la rue du Helder ; le Théâtre des Nouveautés, la rue Taitbout au coin de laquelle se trouve le glacier Tortoni ; à côté, la Maison Dorée ; la rue Laffitte, avec Notre-Dame-de-Lorette au fond, couronnée par Montmartre ; le campanile de la New-York et le café Riche au coin de la rue Le Peletier ; Robert-Houdin, à l'entrée des passages de l'Opéra, entre les bureaux de l'*Événement* et du *Voltaire ;* enfin, la rue Drouot. *A droite*, la rue de la Michodière ; la rue de Choiseul conduisant au Théâtre des Bouffes ; la grande façade du Crédit Lyonnais et la rue de Grammont ; le café Anglais et la rue de Marivaux ; la rue Favart ; le passage des Princes entre les bureaux du *Gaulois* et du *Temps ;* enfin le café Cardinal et la rue Richelieu par où l'on va à la Bibliothèque nationale, la plus riche du monde entier.

Traversant la rue Drouot, à l'entrée de laquelle se trouve l'Hôtel des Ventes, et, plus loin, le *Figaro*, on entre sur le Boulevard Montmartre, où aboutit la rue Vivienne, — venant de la Bourse et du Palais-Royal, — en face le passage Jouffroy qui débouche dans le faubourg Montmartre.

LA PLACE DE LA BOURSE.

A gauche, les cafés Mazarin, des Princes, de Madrid, et le Musée Grévin; enfin le faubourg Montmartre. *A droite,* après la rue Vivienne, le passage des Panoramas, le Théâtre des Variétés, le café de Suède; la rue Montmartre qui aboutit aux Halles centrales et conduit à la Bourse. C'est un des points les plus mouvementés de Paris, où il est presque impossible de circuler de quatre à six heures, et qui est appelé — avec deux ou trois autres — le « Carrefour des écrasés ». Attention !

La Bourse ? Qu'est-ce que cela peut bien être ? Edmond About nous l'a dit un jour :

Paris est une machine compliquée, dont la Bourse est le grand ressort. Avant la construction de ce monument, les écus étaient des personnages timides, honteux, craignant l'ombre et la lumière. Ils se cachaient dans les vieux bas, dans les vieilles armoires et dans les vieilles murailles. La Bourse les fait sortir de leurs trous. Entrés ici, ils vont, ils viennent, ils travaillent, ils construisent des ports, des chemins de fer, des usines et des machines ; ils bâtissent des maisons de six étages, sans compter la mansarde, l'entresol et le sous-sol, et ils fabriquent des robes de moire antique pour vingt mille demoiselles très farouches que le voisinage de la Bourse a converties à l'amour de l'humanité. C'est le temple de l'Égalité : c'est ici que les riches deviennent pauvres et que les pauvres deviennent riches.

Pendant deux heures on peut y entendre MM. les Agents de change pousser de grands cris au milieu desquels on perçoit qu'ils ont vendu ou acheté, fin courant, 50 autrichiens, 3,000 de 3 ; 5,000 de 5, etc. Groupés autour d'un cercle pour s'envoyer demandes et réponses, ils forment par leur réunion une image « arrondie » qu'ils ont décorée du nom gracieux de « Corbeille des Agents de change ». On peut préférer à cette corbeille le plus petit bouquet de fleurs, car le spirituel critique ajoute malicieusement :

L'air qu'on respire à la Bourse est si malsain qu'il a fallu défendre aux femmes d'y entrer. Ces créatures délicates y seraient asphyxiées infailliblement.

Voilà ce qu'est la Bourse, ici... et ailleurs.

Ajoutons que la Bourse de Paris est un temple grec entouré d'un péristyle où l'on compte 66 colonnes corinthiennes, et rappelant la Madeleine que nous venons de quitter.

Pendant que nous suivions les boulevards, où nous avons vu se succéder les plus élégants magasins, de somptueux immeubles, d'immenses cafés, les vitrines les plus artistiques, les restaurants à

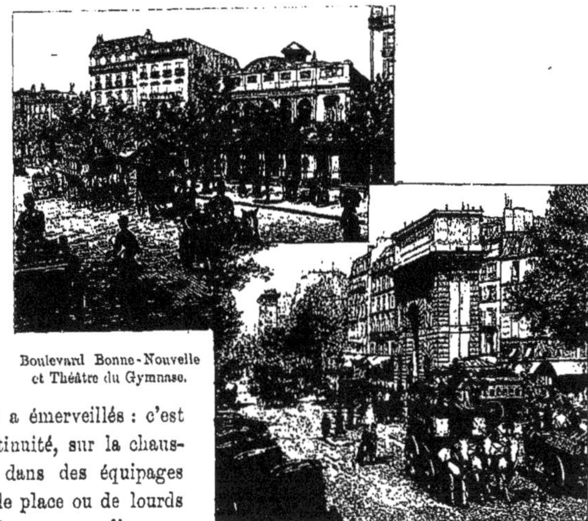

Boulevard Bonne-Nouvelle et Théâtre du Gymnase.

Boulevard Saint-Denis.
Porte Saint-Denis.   Porte Saint-Martin.

la mode, un autre spectacle nous a émerveillés : c'est le Paris qui fourmille sans discontinuité, sur la chaussée, entre les rangées d'arbres, dans des équipages brillants, des voitures de remise, de place ou de lourds omnibus, et sur les trottoirs où il se renouvelle sans cesse.

Mais ce que nous avons surtout et toujours remarqué au milieu de la foule des promeneurs, des camelots descendus des boulevards extérieurs, des gens affairés, des dandys ou *copurchics*, c'est la Parisienne !

La Parisienne ! c'est à dire cette jolie silhouette que l'on revoit avec tant de gaieté au cœur quand on revient à Paris de n'importe quel point de la terre ! Qu'on reconnaît partout : sur les plages, à la campagne et dans la petite ville de province quand, par hasard, elle s'y égare ; la Parisienne, délicieux assemblage de coquetteries et de charmes se décomposant ainsi : d'élégants vêtements qui s'ajustent ou qui flottent, suivant la mode, mais toujours bien portés et habilement taillés par une fine couturière tout aussi Parisienne que sa cliente ! un mouvement endiablé, une allure vive et gracieuse dans la marche : gestes d'oiseau effarouché, sans être pour cela farouche ; une chaussure fine qui serre bien la cheville et chausse un petit pied ; une coiffure sans cesse renouvelée avec *rien* et hardiment posée sur la tête, renversée en arrière, penchée en avant, jetée de côté ; enfin, et par-dessus tout, la science du chiffon, c'est-à-dire l'art de mettre en valeur la plus petite chose et d'en faire la parure la mieux adaptée à sa ravissante personne.

Qui est-ce ? Une grande dame, une riche ou une petite bourgeoise, une femme d'industriel, de commerçant, d'employé, une demoiselle de magasin, une ouvrière qui, toujours gaie et l'œil ouvert, trotte, trotte, trotte ! C'est en un mot Tout-Paris féminin.

Et ce qui rend la Parisienne encore plus séduisante, c'est qu'elle ne fait pas parade de son charme, de sa grâce ou de sa beauté ; elle ne se promène pas pour se faire admirer ; elle passe, elle est en courses, ou en visites, pressée, juste le temps de donner un coup d'œil aux vitrines où s'étale la mode nouvelle. Il est indiscutable que nos provinciales sont souvent adorablement jolies, que les étrangères ont un renom de beauté évidemment mérité ; mais c'est une question de latitude : les premières se sentent observées dans leur petite ville, ou bien, quelquefois, elles veulent se faire regarder ; les autres, suivant les mœurs de leurs pays, se promènent, toujours, en semaine comme le dimanche, lentement, gravement, avec majesté, l'Italienne sur le Corso ou sur le Pincio de Rome ou sous les Galeries de Milan, l'Autrichienne sur le Ring de Vienne, l'Anglaise à Piccadilly, l'Espagnole sur la Rambla de Barcelone, le Prado de Madrid, le Paseo de Cordoue, l'Alameda de Malaga, et cela tous les soirs, tournant sans cesse dans le même cercle étroit. Elles sont pourtant habillées — hélas ! pour le pittoresque — à la dernière mode parisienne ; mais ce n'est plus ça.

Si vous allez voir la Parisienne le dimanche aux Champs-Élysées et sur les boulevards où défile une interminable procession de gens en promenade, la Parisienne est déjà tout autre : c'est qu'elle a ralenti son allure si vive et si délurée en semaine!

Les marchands de journaux aux stations d'omnibus.

Mais reprenons notre promenade sur les grands boulevards, nous assisterons à un spectacle curieux

8

la physionomie des magasins et des maisons, le mouvement de va-et-vient se modifieront, se simplifiant et s'affaiblissant, pour suivre une marche insensiblement décroissante jusqu'à la Bastille.

Au « carrefour des écrasés », commence le BOULEVARD POISSONNIÈRE. A gauche, Brébant ; la rue Rougemont, qui ouvre sur le Comptoir d'Escompte, situé rue Bergère ; le faubourg Poissonnière : au n° 15, se trouve le Conservatoire de Musique et de Déclamation, qui renferme de curieuses collections d'instruments de musique.

Suit, le BOULEVARD BONNE-NOUVELLE. Toujours à gauche, le théâtre du Gymnase, la rue d'Hauteville et la Ménagère ; à droite, la rue de la Lune et ses brioches toutes chaudes ! Entre la Porte Saint-Denis et la Porte Saint-Martin, le BOULEVARD SAINT-DENIS, coupé par le boulevard de Strasbourg, à gauche, venant de la gare de l'Est, et le boulevard Sébastopol, à droite, allant à la Seine. La Porte Saint-Denis ouvre le faubourg du même nom, conduisant à la gare du Nord, en face de la rue Saint-Denis ; ses deux façades sont ornées d'obélisques qui rappellent le souvenir des conquêtes de Louis XIV en Allemagne. Un vieux dicton parisien prétend que certains hommes mariés ne pourraient passer sous la Porte ; c'est une pure calomnie, car son arcade atteint la hauteur d'un cinquième étage.

A l'entrée du boulevard de Strasbourg, les cafés-concerts de l'Eldorado et de la Scala. Tout le quartier compris entre les grands boulevards, les deux faubourgs Saint-Denis et Saint-Martin, la rue du Château-d'Eau, et même au delà, est très fréquenté et en partie habité par le monde des artistes chanteurs. A l'extrémité nord du boulevard de Strasbourg se trouve, près de la gare, à l'intersection du boulevard Magenta, l'église Saint-Laurent, restaurée, mais qui est une des plus anciennes de Paris ; à l'extrémité sud du boulevard Sébastopol, on aperçoit le Dôme du Tribunal de Commerce, dans l'île de la

Cité. La Porte Saint-Martin, sur laquelle on lit, non moins que sur la Porte Saint-Denis, le fameux *Ludovico Magno*, est de décoration et de forme moins belle que sa voisine. Elle est également placée entre le faubourg du même nom conduisant à la Villette et la rue Saint-Martin qui va à la Seine. En descendant cette rue, on trouve tout de suite, à gauche, le Conservatoire des Arts et Métiers, très intéressant à visiter et dont les tourelles et les façades sont de jolis restes de l'ancien prieuré de Saint-Martin-des-Champs ; à droite, le théâtre de la Gaîté, et plus loin la vieille église Saint-Nicolas-des-Champs.

Revenant sur les boulevards, on pénètre sur le Boulevard Saint-Martin, dont la chaussée est encaissée entre deux rampes ; à gauche, les théâtres de la Renaissance et de la Porte-Saint-Martin, l'Auberge des Adrets, le théâtre de l'Ambigu, les Folies-Dramatiques, et l'on arrive sur la place de la République, au centre de laquelle se dresse, sur un piédestal massif, orné du lion populaire, la statue de la République coiffée du bonnet phrygien. Elle élève de la main droite une

Le Marché du Temple.

branche d'olivier ; à ses pieds, trois statues symbolisent la Liberté, l'Égalité et la Fraternité.

La place, très vaste, est bordée, à gauche, par la caserne du Château-d'Eau, au coin du faubourg

Le Cirque d'Hiver.

du Temple qui conduit à Belleville, et par le boulevard Magenta montant vers Saint-Ouen ; à droite, par les bâtiments des « Magasins réunis » — toujours à réunir, — par l'avenue des Amandiers et par le boulevard Voltaire allant à Vincennes.

Si l'on tourne le dos à la statue, on a devant soi la rue du Temple qui, à gauche, passe devant le marché du Temple et conduit à l'Hôtel de Ville.

La rue Turbigo allant aux Halles centrales, dont on aperçoit au loin les pavillons, commence à droite. En quittant la place, on entre sur le BOULEVARD DU TEMPLE. A droite, le passage Vendôme et le théâtre Déjazet ; à gauche, au fond de la rue d'Angoulême, les hauteurs de Ménilmontant. Plus loin, du même côté, le Cirque-d'Hiver, presque au coin de la rue Oberkampf, sur le BOULEVARD DES FILLES-DU-CALVAIRE. On voit maintenant la Colonne de Juillet ; derrière, se trouve la gare du chemin de fer de Vincennes, sur la

place de la Bastille, où l'on arrive par le Bou-
LEVARD BEAUMARCHAIS, terminant la ligne des
grands boulevards. Si l'on veut prendre alors
le boulevard Henri IV et le boulevard Saint-
Germain, la grande voie de la rive gauche, que
suit le tramway qui va jusqu'à la Chambre des
Députés, on peut — en une heure au total et
pour 0 fr. 30 cent. avec la correspondance —
avoir une impression bien complète des principaux quartiers de Paris, et de leur physionomie très différente sur les deux rives et d'un
point à un autre.

*De la Bastille à la Chambre des Dé-
putés, par la rive gauche.* — A l'extrémité
du boulevard Henri IV, aboutit la rue de
Sully, où se trouve la bibliothèque de l'Arsenal;
à droite, la Seine est bordée par le large quai
des Célestins.

Le panorama de la Seine et des monuments qui la bordent vu du pont Sully, que

La Place de la Bastille.

nous allons franchir, est des plus curieux. Tout de suite, on voit, sur la hauteur, le Panthéon et la Tour Clovis, le beffroi du Lycée Henry IV. Sur la rive droite de la Seine, très près, la croix dorée de Saint-Paul-Saint-Louis, plus loin la tour de l'église Saint-Gervais, le campanile central de l'Hôtel de Ville, puis les théâtres du Châtelet et de l'Opéra-Comique ; enfin, au fond, les pavillons du Louvre. A gauche, au delà de l'île Saint-Louis, la coupole du Tribunal de Commerce et, derrière, les clochers, en forme de poivrière, du Palais de Justice ; on passe alors à la pointe de l'île Saint-Louis, dont la rue centrale ressemble à une rue de village, avec son clocher à jour et son cadran doré placé en travers comme une enseigne.

Avant de quitter cette première moitié du pont Sully, on aperçoit au loin, à gauche, le dôme de la Salpêtrière et, plus près de la Seine, les grands bâtiments de la gare d'Orléans, au bout du pont d'Austerlitz. En pénétrant sur la seconde moitié du pont, immédiatement à droite, le chevet de Notre-Dame, magnifique avec son clocher entre les deux tours ; quelques pas et toute la masse imposante de l'abside se détache. On voit un instant, à côté de la tour de droite, l'élégante flèche ajourée de la Sainte-Chapelle.

Laissant à gauche le quai Saint-Bernard, la Halle aux vins et le Jardin des Plantes, on pénètre sur le BOULEVARD SAINT-GERMAIN.

Avant d'arriver sur la place Maubert où se dresse la statue d'Étienne Dolet, on passe derrière l'abside de Saint-Nicolas du Chardonnet et à l'extrémité de la rue Monge qui vient de l'avenue des Gobelins. Notre-Dame réapparaît alors dans son beau profil un peu caché par les maisons de la place. On rencontre ensuite la rue des Carmes au-dessus de laquelle domine majestueusement le Panthéon ; la rue Thénard qui ouvre sur la façade du Collège de France ; le Théâtre Cluny, au coin de la vieille rue

Saint-Jacques, élargie en cet endroit ; enfin, le jardin du
Musée de Cluny et le BOULEVARD SAINT-MICHEL.

Vers la Seine se montre le profil dentelé de la Sainte-
Chapelle, étincelante avec ses bordures d'or. Le BOULEVARD
SAINT-MICHEL descend de l'Observatoire et aboutit au quai.
Suivons le boulevard Saint-Germain : à gauche et à droite,
la curieuse rue Hautefeuille avec ses maisons à tourelles ;
puis, les nouveaux bâtiments de l'École de Médecine ; le
carrefour de l'Odéon et le Théâtre au fond ; le Palais de
l'Institut à l'extrémité de la rue Mazarine, qui continue
celle de l'Ancienne-Comédie.

Après avoir passé devant la demi-rotonde du Cercle de
la Librairie, on arrive en face de la rue de Seine, prolongée
par la rue de Tournon qui aboutit au palais du Luxembourg,
autrement dit du Sénat. Puis on est à la place Saint-Germain-des-Prés. Là, passe la rue Bonaparte allant de la
Seine à la place Saint-Sulpice et au jardin du Luxembourg,
et descend la large rue de Rennes qui vient de la gare
Montparnasse. On entre alors dans le noble faubourg Saint-
Germain, où l'on voit, à droite, l'église Saint-Thomas-

La rue Hautefeuille.

d'Aquin ; à gauche, l'amorce du nouveau boulevard Raspail, la rue du Bac et la rue de Varenne, avant d'arriver à la Chambre des Députés.

En passant de nouveau la Seine, sur le pont de la Concorde, nous profitons d'une vue des quais de Paris étonnamment belle. On aperçoit, à droite, le Palais de la Légion d'honneur, l'île de la Cité, le Pont-Neuf, le pont des Arts, le pont des Saints-Pères, le pont Royal, le pont Solférino, le Louvre terminé par le pavillon de Flore, et le Jardin des Tuileries ; à gauche, le Ministère des Affaires étrangères, le Palais du Président de la Chambre, l'Esplanade des Invalides, la tour Eiffel, le Trocadéro, les Champs-Élysées et le Palais de l'Industrie — et l'on arrive sur la place de la Concorde, d'où l'on revoit, au fond de la rue Royale, l'église de la Madeleine, notre point de départ.

La Chambre des Députés.   Le Ministère des Affaires étrangères.
Le Pont de la Concorde.

III. — De Bercy à Auteuil, par la Seine. — Après ce voyage de circuit, il faut « traverser » Paris

suivant son plus grand diamètre. Cela se fait en descendant la Seine du *Pont-National* au pont du Point-du-Jour, et ce parcours mesure onze kilomètres et demi. Un service de banlieue conduit du *pont de Charenton* au *pont d'Austerlitz,* qui vient après le *pont de Tolbiac* et le *pont de Bercy.* Puis, on passe sous le *pont Sully* que nous connaissons et sous le *pont de la Tournelle,* après avoir longé l'île Saint-Louis.

Le bateau se dirige

Le Pont et le Port de Bercy.

alors vers le *pont Saint-Louis* pour passer entre la pointe finale de l'île Saint-Louis à droite et la pointe initiale de l'île de la Cité à gauche, laissant de ce côté le *pont de l'Archevêché,* et sur sa montagne le

9

Le Pont de l'Archevêché.   La Morgue et Notre-Dame.   Le Pont Saint-Louis.

Panthéon, pour contourner la Morgue, cet autre panthéon des déshérités de la vie, où se tient en permanence l' « exposition des refusés » de la fortune ou de la raison.

Nous arrivons à la station de l'Hôtel de Ville; derrière nous, le *pont Louis-Philippe* et plus loin le *pont Marie* font communiquer la rive droite avec l'île Saint-Louis.

Après avoir passé sous le *pont d'Arcole* on est aussitôt sous le boulevard du Palais.

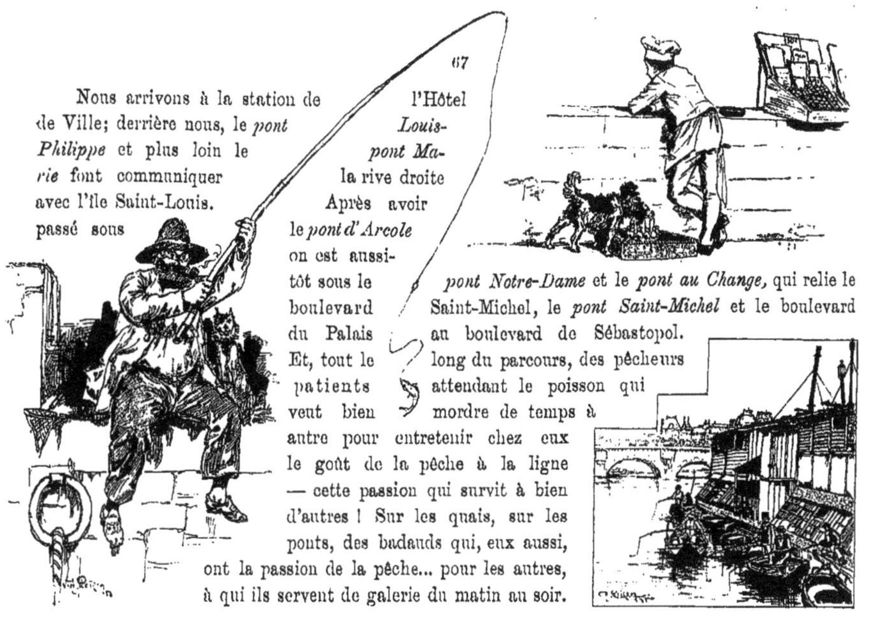

Et, tout le long du parcours, des pêcheurs patients attendant le poisson qui veut bien mordre de temps à autre pour entretenir chez eux le goût de la pêche à la ligne — cette passion qui survit à bien d'autres ! Sur les quais, sur les ponts, des badauds qui, eux aussi, ont la passion de la pêche... pour les autres, à qui ils servent de galerie du matin au soir.

pont *Notre-Dame* et le *pont au Change*, qui relie le Saint-Michel, le *pont Saint-Michel* et le boulevard au boulevard de Sébastopol.

Puis, des baignades de chevaux, des établissements de bains chauds et froids, des bateaux-lavoirs ; sur la berge, des tondeurs de chiens, des postes de secours aux noyés et asphyxiés, des marchandises de toutes sortes que l'on charge et décharge ; tout un peuple de mariniers, débardeurs, haleurs, dragueurs, etc. Il y a sur le fleuve un mouvement sans bruit qui n'a rien à envier à celui des boulevards. Les bateaux des diverses compagnies se croisent, s'arrètent aux nombreux pontons, repartent, longeant les lourdes péniches chargées de char-

Un tondeur de chiens. Le Pont-Neuf. L'Ile de la Cité.

La Berge du Louvre

Le Pont des Arts. L'Ile de la Cité. Le Palais de l'Institut

Le Port Saint-Nicolas.

bon, de plâtre, de bois, de matériaux de construction, qui suivent en longue file un remorqueur hurlant.

Il se fait par la Seine et le canal de l'Ourcq — divisé en deux autres : le canal Saint-Denis et le canal Saint-Martin — un trafic considérable qui ne s'élève pas à moins de six millions de tonnes par année, transit supérieur à celui de nos plus grands ports maritimes ; cela, en attendant que Paris devienne un véritable port de mer intérieur, ce qui est mis activement à l'étude et ne saurait tarder d'être mis à l'œuvre.

Après avoir passé sous le *Pont-Neuf,* — ainsi appelé bien qu'il soit le plus ancien pont de Paris, — nous rencontrons le *pont des Arts,* où l'on traverse du Palais de l'Institut à la Cour du Louvre ; le *pont des Saints-Pères* conduisant aux guichets de la Cour du Carrousel. Il faut descendre là, si l'on veut prendre le service spécial des bateaux qui vont à Billancourt, Meudon, Sèvres, Saint-Cloud et Suresnes dont l'embarcadère est sur la rive droite, près des bains Vigier.

Le *pont Royal* relie la rue du Bac à la rue des Tuileries; ensuite le *pont de Solférino* aboutit au centre du jardin des Tuileries; puis le *pont de la Concorde* nous amène aux Champs-Élysées. Il est construit en partie avec les pierres provenant de la démolition de la Bastille; il a donc aujourd'hui cent ans. Suivent le *pont des Invalides,* le *pont de l'Alma* et le *pont d'Iéna* allant des Champs-Élysées à l'Esplanade et du Trocadéro au Champ de Mars, où subsistent quelques palais de la

Le Trocadéro vu du Pont de la Concorde.

grandiose Exposition du Centenaire. Filant entre Passy et Grenelle jusqu'au *pont de Grenelle* qui les relie, nous arrivons en vue du viaduc d'Auteuil sur lequel passe le chemin de fer de Ceinture. Les quais superbes et les monuments qui les embellissent ont fait place sur ce point à d'immenses paysages. En avant du quai de Grenelle s'étend une langue de terre longue et étroite suivant le fil de l'eau et placée au milieu du fleuve : c'est l'île des Cygnes, reliée par la *passerelle de Passy* avec Grenelle et Passy. Les quais de Grenelle et de Javel, sur la rive gauche, moins riants que ceux d'en face, sont de vastes ports de déchargement. — Nous débarquons au Point-du-Jour, à son dernier « point », puisque c'est là que le soleil de Paris se conche. Auteuil et son champ de courses, Boulogne et son bois, sont à côté.

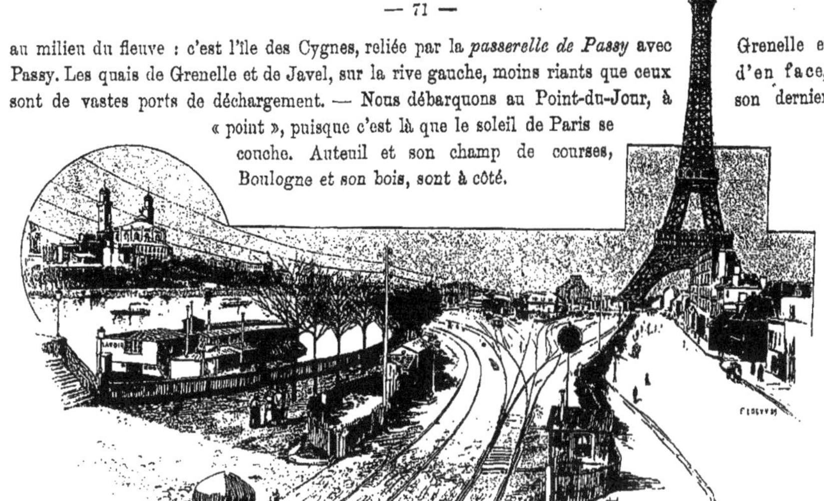

Le Trocadéro. Chemin de fer des Moulineaux : station du Champ de Mars. La Tour Eiffel.

Aux Champs-Élysées, le matin.

Seine. — Les Champs-Élysées s'étendent de la place de la Concorde à l'Arc de Triomphe de l'Étoile, entre le faubourg Saint-Honoré, peuplé de riches hôtels, à droite, et la Seine à gauche. Dominant cette magnifique promenade et occupant une largeur de 45 mètres, se dresse l'Arc triomphal dont Napoléon Ier conçut l'idée et qui, commencé en 1806, plusieurs fois interrompu, ne fut terminé que trente ans après. Ses belles proportions produisent un majestueux

Pendant la scène terrifiante du châtiment.

Guignol vu de face.

Les spectateurs.

effet ; l'admirable groupe de Rude, *le Départ,* et des trophées de 12 mètres de hauteur décorent les pieds de ce colosse. Le vaste rond-point au centre duquel il s'élève forme une des plus

10

belles places qui existent, autant par sa situation dominante que par les douze grandes avenues qui y aboutissent : à droite de l'Avenue des Champs-Élysées, l'Avenue Friedland qui vient du faubourg Saint-Honoré et du boulevard Haussmann ; l'Avenue Hoche conduisant au *Parc Monceau*, délicieux jardin anglais ; l'Avenue de Wagram allant au boulevard Malesherbes et à Courcelles ; l'Avenue Mac-Mahon et la petite Avenue Carnot reliant les Ternes aux Champs-Élysées ; puis, l'Avenue de la Grande-Armée élargie par deux contre-allées et qui prolonge, en ligne droite vers Neuilly, l'Avenue des Champs-Élysées. A gauche, en suivant, la superbe Avenue du Bois-de-Boulogne toujours sillonnée des voitures et des cavaliers allant au bois ou en revenant ; l'Avenue Victor-Hugo conduisant à la Muette et à Passy ; l'Avenue Kléber qui passe derrière le Palais du Trocadéro ; l'Avenue d'Iéna, la grande route conduisant au Champ de Mars ; enfin l'Avenue Marceau qui se termine à l'Hippodrome, près du pont de l'Alma.

Le jeu de bague.

L'avenue principale des Champs-Élysées est bordée à droite et à gauche de deux contre-allées où l'asphalte permet aux piétons de circuler, tandis que la chaussée, remplie d'équipages, d'amazones et de cavaliers, offre un spectacle des plus variés. Depuis l'Arc de Triomphe jusqu'au Rond-Point orné de fontaines jaillissantes, de somptueux hôtels descendent en bordure, de chaque côté, derrière les contre-allées. L'Avenue d'Antin, l'Avenue Montaigne et l'Avenue Matignon, où se trouve

La bonne limonade !

le Cirque d'Été, conduisent de là au faubourg Saint-Honoré ou à la Seine. A partir du Rond-Point jusqu'à la place de la Concorde, dans la partie appelée le *Carré de Marigny ou des Champs-Élysées,* de charmantes pelouses et d'épais massifs élargissent les contre-allées, d'un côté, jusqu'au Cours-la-Reine dont les trois belles avenues bordent le quai, et, de l'autre, jusqu'à l'avenue Gabriel ; celle-ci est coupée par l'AVENUE DE MARIGNY aboutissant place Beauvau, au Ministère de l'Intérieur et par la rue de l'Élysée qui longe les dépendances du Palais de l'Élysée habité par le Président de la République.

Le matin, les promeneurs sont rares ; le soir et l'après-midi l'avenue s'anime étonnamment et, en été, les petites boutiques de rafraîchissements, les jeux de bague, les guignols, donnent au Carré des Champs-Élysées l'aspect d'une fête foraine délicieusement

Entrée de l'Avenue des Champs-Élysées.

ombragée. Au milieu des massifs, plusieurs cafés, des restaurants, des concerts, des panoramas, le cirque, un Jardin-Concert-Promenade, ajoutent encore, quand vient le soir, leur animation bruyante, l'éclat de leurs cordons de lumières et leurs plaisirs de toutes sortes à l'attrait de cette promenade sans rivale.

Du côté de la Seine, se trouve le Palais de l'Industrie construit pour l'Exposition universelle de 1855, à laquelle il suffisait alors! La grande arcade en saillie sur l'avenue protège son entrée principale. Le Palais sert continuellement à des exhibitions des plus variées : d'arts décoratifs — dont le Musée permanent y est attenant, — de chevaux, d'animaux gras, d'agriculture, de sauvetage, d'arts industriels, d'horticulture, d'hygiène, de produits coloniaux et aussi à l'Exposition de peinture et de sculpture où, tous les ans, sous le nom de Salon, se donnent rendez-vous le 1er mai des milliers de toiles, dessins ou blocs, parmi lesquels plus d'un chef-d'œuvre, et où défile jusqu'au 20 juin tout Paris chauffé à 40 degrés! Ce qui donne l'idée, à la fois, de la puissante vitalité artistique de Paris et de l'attrait du Salon, toujours fort à la mode. L'avenue ouvre sur la Place de la Concorde entre deux groupes de marbre sculptés par Coustou et connus sous le nom de chevaux de Marly. Précisément en face, de l'autre côté de la place, le Jardin des Tuileries montre sa large grille coupée en deux par la ligne de l'Obélisque. La Place de la Concorde, la plus belle de Paris, est bornée au sud par la Seine, au nord par le Ministère de la Marine et son pendant l'ancien Garde-Meuble, à l'ouest par les Champs-Élysées, à l'est par le Jardin des Tuileries. Celui-ci s'étend jusque dans la cour du Carrousel au pied de l'Arc du même nom, entre la rue de Rivoli que cache la « Terrasse des Feuillants » et la Seine qui coule au delà de la « Terrasse du bord de l'eau ». Dessiné par Le Nôtre, il comprend un vaste quinconce, planté de marronniers et de tilleuls séparés par une large allée centrale, — en ligne droite avec l'ouverture de l'Arc de Triomphe, l'avenue des Champs-Élysées, l'Obélisque et l'Arc du Carrousel, — terminée à ses extrémités par deux jets d'eau. Le Jardin des Tuileries est coupé à l'est dans ses parterres par la rue des Tuileries reliant le pavillon de Flore au pavillon de Marsan, et traversé au milieu

par une voie bitumée allant du pont de Solferino à la rue de Castiglione, au fond de laquelle — en se plaçant entre les deux groupes de Cain — on voit se dresser la colonne Vendôme.

Sous les magnifiques marronniers qui l'ombragent, au nombre desquels est le fameux marronnier du 20 mars, se groupent autour des bassins de marbre de nombreuses statues dont beaucoup sont des chefs-d'œuvre de sculpture dus à Lepautre, Eudes, Coustou,

Les Parterres des Tuileries.

Sous les marronniers du Jardin des Tuileries.

Coysevox, Perrault, Pradier, Barye. On vient d'y construire le « Panorama du Siècle » de MM. Stevens et Gervex, représentant toutes les célébrités du siècle.

Les orangers des Tuileries, que l'on rentre chaque hiver dans l'orangerie de la Terrasse du bord de l'eau, viennent embaumer les allées et les parterres pendant les beaux jours et servent d'abri aux joyeux groupes d'enfants qui, chaque été, comme des oiseaux en liberté, emplissent de leur babil le joli Jardin. Prenant la rue des Tuileries et passant auprès de la statue de Jeanne d'Arc pour entrer sous les galeries de la rue des Pyramides, nous rencontrons tout de suite à droite la place du Théâtre-Français. La « Maison de Molière » nous montre, à l'entrée

de la rue de Richelieu, sa façade composée, au rez-de-chaussée, d'un péristyle qui se continue sur la place. Il est surmonté, des deux côtés, des grandes fenêtres du foyer et de son blanc couloir, ornés de bustes et de statues parmi lesquelles on admire le *Voltaire* de Houdon.

Derrière la Comédie-Française courent, suivant un vaste parallélogramme, les GALERIES DU PALAIS-ROYAL. Ce sont : au sud, la *galerie d'Orléans,* jadis lieu de rendez-vous choisi par les Parisiens en promenade ; à l'est, la *galerie de Valois,* dont la partie voisine de la galerie d'Orléans est occupée par la Direction des Beaux-Arts ; au nord,

Le Théâtre-Français.

la *galerie de Beaujolais,* qui ouvre sur la rue Vivienne, non loin de la Banque de France ; à l'ouest, la *galerie de Montpensier,* qui, à une extrémité, est occupée par le joyeux théâtre du Palais-Royal. Et tout autour, au rez-de-chaussée, de brillants magasins d'orfèvrerie, joaillerie, en vrai et en faux, et des restaurants renommés ; aux étages supérieurs, d'innombrables tables d'hôte à prix fixes... et modérés.

Les Galeries de la rue de Rivoli.

Les galeries du Palais-Royal furent autrefois le théâtre de bien des aventures galantes ; aussi pas un provincial ou un étranger qui, en arrivant à Paris, n'y accoure : mais les tableaux piquants du passé ont fait place aujourd'hui à une simple animation honnête. Ces galeries encadrent un beau jardin planté d'ormes et de tilleuls, orné de statues dans ses pelouses et d'un grand bassin central. A l'extrémité de son parterre du sud, sur une borne, est placé le « terrible » canon auquel nos pères réglaient jadis leur montre et qui *souvent* encore fait explosion *vers* midi, quand le soleil veut bien l'allumer.

Passant sur la place du Palais-Royal, et laissant en arrière le Palais du Conseil d'État, dont le portique à jour laisse voir la grande cour intérieure, on a devant soi la partie du nouveau Louvre occupée par le Ministère des Finances ; à gauche, les grands magasins du Louvre. On pénètre alors sous les galeries à arcades cintrées de la rue de Rivoli, qui vont de la place de la Concorde jusqu'à la rue du Louvre. Sous ces galeries, un va-et-vient extraordinaire d'acheteurs, de promeneurs, de *promeneuses*, et les cris des marchands du « dernier plan de Paris ».

A droite, une longue grille entoure des parterres revenant en équerre sur la place

Les Galeries.

Le canon.

Le Jardin du Palais-Royal.

Le Palais du Conseil d'État.

du Louvre, précédant le VIEUX LOUVRE et la célèbre COLONNADE DE PERRAULT. Elle se compose de 52 colonnes corinthiennes accouplées deux à deux, et se développe sur 166 mètres de long et 28 mètres de hauteur. Une balustrade à jour la couronne ; le tympan du fronton central contient le buste de

11

Louis XIV avec la célèbre dédicace *Ludovico magno*. La porte d'entrée de la Cour du Louvre est couronnée par une Renommée montée sur un char conduit par des génies. Les parterres continuent le long de la Seine sous le nom de *Jardin de l'Infante* jusqu'au pavillon Henri IV, au toit richement décoré et qui, placé en travers, ouvre sur le quai sa fenêtre magnifique, dite de Charles IX. Plus loin, la *galerie du bord de l'eau*, aux frises admirablement sculptées, regagne le pavillon de Flore.

Le Louvre.

La rue de Rivoli.

Entrons par le quai, en face le pont des Arts, dans la cour intérieure du Louvre : le bâtiment de Pierre Lescot, le plus ancien, s'étend à gauche, depuis le pavillon de l'Horloge jusqu'à l'angle sud. Les chiffres et monogrammes que nous voyons sur les frontons rappellent, nous l'avons dit, les dates de construction des divers bâtiments qui complètent le rectangle; toutes les splendeurs de l'architecture des siècles passés y brillent d'un éclat sans pareil. Sous les grands pavillons s'ouvrent des passages allant, à droite, à la place du Louvre; en face, rue de Rivoli; à gauche, à la place du Carrousel. En pénétrant sur cette place immense, nous voyons de chaque côté un majestueux portique, qui permet de circuler à couvert autour

La cour du Carrousel et la statue de Gambetta.

d'un jardin central, le long des rez-de-chaussée du nouveau Louvre; ce portique part, d'un côté, de la façade de Pierre Lescot pour aboutir aux guichets du quai ; et, du prolongement de cette façade, pour finir aux guichets de la rue de Rivoli. Au-dessus, les fenêtres surmontées de frontons triangulaires sont bordées d'une large terrasse qui court sur toute la longueur du premier étage. Des statues colossales d'hommes illustres ornent cette terrasse. Chaque façade est coupée par d'énormes pavillons en avant-corps, dont les fenêtres sont encadrées de cariatides supportant également un fronton richement sculpté ; le nom de ces pavillons est inscrit au-dessus de l'arcade de leur rez-de-chaussée. La statue de Gambetta se dresse, monumentale, au milieu de ces superbes Palais ; en face, l'Arc du Carrousel ouvre sur le nouveau Jardin ses trois voûtes surmontées du groupe de Bosio.

Le Musée du Louvre, auquel on accède par le pavillon Denon au sud du square du Carrousel, ou par l'un des quatre pavillons de la Cour intérieure, offre la plus riche accumulation de trésors artistiques qu'il soit permis d'admirer. Il faut bien des heures pour visiter comme elles le méritent les salles de Peinture de toutes les Écoles, de Dessins, de Gravures ; le musée des Marbres antiques, les galeries de Sculptures du moyen âge et de la Renaissance, de Sculpture moderne ; les musées des Antiquités assyriennes, des Antiquités égyptiennes des Antiquités grecques ; la merveilleuse Galerie d'Apollon ; la salle des Bronzes antiques ; le musée des Objets d'art du moyen âge et de la renaissance ; les musées Campana, ethnographique, chinois ; les collections de la Marine, etc., etc. Mais si l'on ne dispose que de très peu de temps, le groupement sur un espace relativement restreint des salles et des galeries permet de les parcourir toutes en quelques heures.

Revenons sur la place du Louvre. Tournant le dos à la Colonnade, nous avons devant nous la belle église de Saint-Germain-l'Auxerrois , à droite, séparée de la mairie du 1er arrondissement

par une tour gothique qui date de 1860.
XIIIe siècle, ainsi que le chœur et l'ab-
cinq arcades date, 　 de même que la plus

La porte principale de l'église est du
side ; le porche, très original et percé de
grande partie de la 　 façade, des XVe et

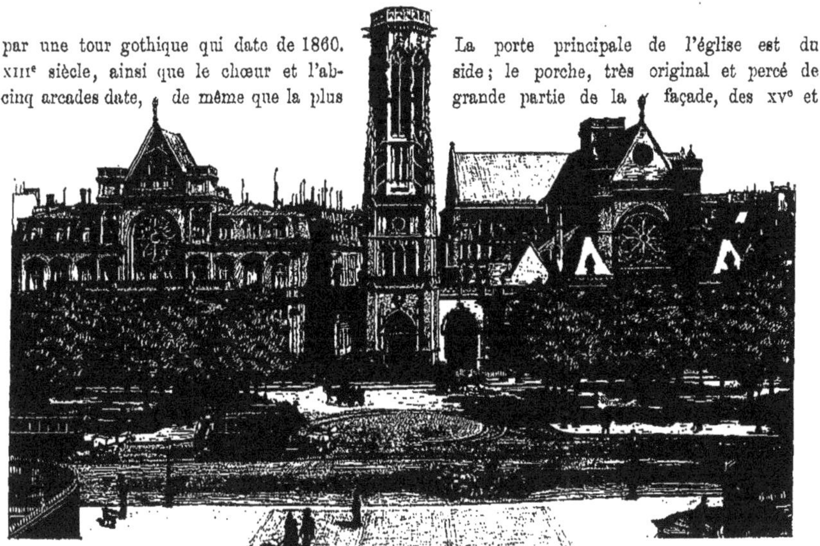

Mairie du Ier Arrondissement·Saint-Germain-l'Auxerrois

La place du Louvre.

xvi⁰ siècles. Au-dessus règne une

A la violette, qui embaume!

élégante balustrade surmontée d'un pignon aigu percé d'une ogive encadrant une rose et flanquée de deux tourelles. Au sommet l'ange du Jugement dernier. Entrant dans la rue des Prêtres-Saint-Germain-l'Auxerrois, où se trouve le vieux *Journal des Débats,* on voit sur la petite place de l'École l'établissement de la « Mère Moreau », cette autre ancienneté qui a perdu beaucoup de son intérêt depuis que la concurrence a établi un peu partout des comptoirs plus ou moins *d'argent massif,* agrémentés de sémillantes verseuses débitant la prune et le chinois à l'eau-de-vie.

Laissant de côté les pittoresques rues Jean-Lantier et des Orfèvres groupées près du quai, on arrive à la place du Châtelet formée par la rencontre du boulevard de Sébastopol, de la rue Saint-Denis, de l'avenue Victoria, des quais de la Mégisserie et de Gèvres, et du pont au Change. A l'ouest, est le théâtre du Châtelet ; en face, le plus baptisé des théâtres parisiens : successivement Théâtre lyrique, Théâtre historique, Théâtre italien, Théâtre municipal, Théâtre des Nations, c'est aujourd'hui — et ce n'est pas définitif — le Théâtre de l'Opéra-Comique, depuis l'incendie de la salle Favart. Au milieu du petit carré de marronniers de la place s'élève la fontaine de la Victoire, sur son piédestal décoré de sphinx.

PLACE DU CHATELET

Le boulevard Sébastopol, qui part de
de Strasbourg à la gare de l'Est, est très
nombre de maisons de vente en gros et
rendent le soir ses trottoirs particuliè-
n'y ait pas encore cessé. En le suivant on
Leu dont la façade, sur la rue Saint-
donne sur le boulevard est tout à fait
le Conservatoire des Arts et Métiers, dont
Théâtre de la Gaîté, près des grands

Retournons à la place du Châtelet. Au
dans un square bien planté, se dresse la
xvie siècle, seul reste de l'église Saint-
a cinquante-deux mètres d'élévation ;
la statue colossale de saint Jacques le
les bords de la Seine. Si l'on ne craint
d'une vue magnifique sur le fleuve et sur
parcourrons tout à l'heure. A sa base se

A gauche et à droite du boulevard

Tour Saint-Jacques.

là pour aboutir sous le nom de boulevard
commerçant. Il est occupé par un grand
demi-gros, qui, fermant de bonne heure,
rement sombres, bien que le mouvement
rencontre, du côté gauche, l'église Saint-
Denis, date du xive siècle ; le chevet qui
moderne. Plus loin, à droite, le square et
l'entrée est rue Saint-Martin, puis le
boulevards.
coin de l'avenue Victoria et du boulevard,
curieuse tour Saint-Jacques, achevée au
Jacques-la-Boucherie du xiiie siècle. Elle
couronnée à l'angle de sa plate-forme par
Majeur, elle domine de sa fine structure
pas de monter ses 300 marches, on jouit
l'antique quartier du Marais que nous
trouve la statue de Blaise Pascal.
Sébastopol et parallèlement, montent aussi

de la Seine vers les grands boulevards les deux vieilles artères parisiennes : la rue Saint-Denis et la
rue Saint-Martin. La première dessert le quartier des Halles ; de Saint-Leu aux boulevards, et surtout

dans le voisinage de la rue du Caire, elle est presque exclusivement habitée par des fleuristes et des plumassières; près de la rue dé Rivoli, les commissionnaires des Halles, les corroyeurs, de nombreux débits de vin occupent les rez-de-chaussée. Les industries les plus diverses peuplent jusqu'au sixième toutes ses maisons ainsi que sa parallèle, la rue Saint-Martin, située de l'autre côté du boulevard. Cette dernière, — à partir de l'église Saint-Merri, qui date du XVIIe siècle et dont les trois portails élégants ont été réparés il y a cinquante ans,— jusqu'à la rue Rambuteau, est certainement un des coins les plus curieux de la vieille Ville. Sans parler des rues aux noms si caractéristiques de Taille-Pain et Brise-Miche, où Saint-Merri montre sa tour et son chevet, il y a dans ce quartier des masures, des ruelles, des impasses, qui sentent... mauvais sans doute, mais étonnamment le moyen âge. Au-dessus de la rue Maubuée, où l'on voit une curieuse fontaine aux armes de la Ville, est la rue de Venise, qui n'a guère plus d'un mètre de largeur. Il ne faut pas manquer de voir tout ce quartier, avec ses hôtels où l'on loge à la nuit, ses crèmeries louches, ses portes basses et ses lucarnes grillées; c'est une curiosité qui n'a plus d'égale à Paris.

L'église Saint-Merri.

Revenant rue de Rivoli, nous arrivons à l'HOTEL DE VILLE. La troisième République l'a reconstruit tout récemment; le vieil édifice municipal est sorti de ses ruines « dans sa forme primitive légèrement modifiée, aussi fier, aussi imposant qu'autrefois, et entouré, comme d'une couronne de gloire, des images

Le Musée Carnavalet.

vénérées des ancêtres et des illustrations de la cité (1) ». Cette résurrection peut donner l'illusion du passé et l'on peut croire que l'ancien monument parisien n'a point cessé d'exister, bien que la perte des chefs-d'œuvre dont l'art français l'avait orné soit irréparable. Le nouvel Hôtel de ville est un magnifique modèle de la renaissance française ; la partie centrale de sa façade forme un avant-corps percé de trois portes et surmonté d'une horloge avec campanile. Deux cents statues ou groupes — parmi lesquels, du côté du quai, la belle statue équestre d'Étienne Marcel, et sur le toit, dix statues dorées de hérauts d'armes — le décorent extérieurement. A l'intérieur, la salle Saint-Jean et la salle des Fêtes, où se donnent des bals de dix mille invités, sont à visiter. Le pont de l'Hôtel-de-Ville le relie à la Cité.

De l'Hôtel de Ville, on peut, en entrant à gauche dans la rue Vieille-du-Temple, pénétrer au cœur du Marais. Mais, à partir de là, si l'on se dirige toujours vers la Bastille, c'est-à-dire vers l'est, on rencontre, à gauche et à droite de la rue de Rivoli, qui plus loin devient la rue Saint-Antoine: l'église Saint-Gervais, que son portail grec datant du XVIIe siècle et ses trois étages de façade rendent très curieux à voir; les hôtels de

(1) Marius Vachon, *L'Ancien Hôtel de Ville de Paris* (Maison Quantin, éditeur).

Beauvais (xvii° siècle), rue François-Miron ; de Hollande (xvii° siècle), 47, rue Vieille-du-Temple ; la curieuse tourelle de l'hôtel Barbette, au coin de la rue des Francs-Bourgeois ; l'hôtel de Sens, 1, rue du Figuier ; la cour aux façades richement sculptées de l'hôtel de Béthune, dont le beau portail

donne rue Saint-Antoine, au gymnase Sully ; l'hôtel Lamoignon, 24, rue Pavée ; l'hôtel de Rohan, où se trouve l'Imprimerie nationale, rue Vieille-du-Temple ; les hôtels Clisson et Soubise, rue des Quatre-Fils et rue des Archives, où sont installés les dépôts précieux des Archives nationales, l'École des Chartes qui occupe une partie de ces bâtiments ; enfin l'Hôtel Carnavalet, aujourd'hui Musée municipal, situé à l'angle des rues de Sévigné et des Francs-Bourgeois, où l'on recueille pieusement les objets qui intéressent l'histoire de la Ville de Paris et surtout les ruines et documents de toutes sortes sur le Paris qui disparaît. La façade restaurée de la maison des Drapiers, les sculptures de Jean Goujon, que l'on voit au-dessus de la porte d'entrée et entre les fenêtres de la façade intérieure sont des merveilles qu'il ne faut pas manquer de visiter.

Arrivé à la place de la Bastille, on remarque, tracés entre les pavés, au coin de la rue Saint-Antoine, les contours de l'ancienne forteresse ; puis, traversant le populaire faubourg Saint-Antoine, à l'aspect si grouillant vers midi et le soir, dont les boutiques sont presque exclusivement occupées par des marchands de meubles, on arrive à la place de la Nation, ancienne place du Trône.

La longue triple avenue qui fait face conduit à Vincennes. C'est sur le cours de Vincennes et sur la place de la Nation que se tient tous les ans, pendant trois semaines, la fameuse « Foire au pain d'épices », la première fête foraine de l'année.

Alors les grandes baraques, spectacles en plein vent... et en pleine poussière, bordent les chaussées, tandis que les contre-allées se garnissent de petites boutiques de jouets et de pains d'épices ; la place, elle-même, peuplée d'un nombre incalculable de chevaux de bois, de vélocipèdes, de montagnes russes, de ballons ou de bateaux qui tournent sans cesse, éblouit, tous les soirs, de l'éclat de ses lumières une foule bruyante et très variée. Le rugissement des lions, les accents criards du trombone, les appels enroués du porte-voix des lutteurs, les tintements des clochettes, les crincrins des marchands ambulants, les airs nouveaux que serinent doucement les orgues de Barbarie ou que lancent brutalement les pavillons serrés des tuyaux de cuivre, assourdissent les heureux promeneurs qu'aveuglent les projections de la lumière électrique.

Il a été fort question, en ces derniers temps, de supprimer les « foires de quartier » des boulevards extérieurs, trop tapageuses pour les riverains ingrats qui s'y promènent cependant avec joie ; mais que deviendrait, devant cette proscription, tout ce peuple de bateleurs, de femmes-torpilles, de géants, de « Tom-Pouce », colosses, somnambules, dompteurs de puces ou de bêtes féroces, prestidigitateurs, hercules, danseurs, acrobates, escamoteurs, jongleurs, arracheurs de dents, directeurs de « loteries à ciel ouvert », panoramas, dioramas, musées de cire, clowns et paillasses ? S'ils ont des détracteurs, ils comptent aussi de nombreux défenseurs. Des journaux se sont fondés pour les protéger, entre autres la *Ligue foraine*, et ce ne sont pas les moins amusants à lire, jusqu'aux annonces où nous cueillons ces quelques perles :

A VENDRE Aquarium avec jolie collection de singes, perroquets, serpents, crocodiles, et autres *petits* animaux très bien acclimatés.

A VENDRE Un Musée d'Inquisition en cire « prêt à travailler de suite ».

A VENDRE Une baraque contenant l'Aquarium-Cristal de la Famille Poisson. Mʳ Jewell « fournirait » une ou deux jeunes artistes : Miss Ondine et miss Sylva, pour mettre l'acquéreur au courant.

Vient la fin de la fête, car un bonheur éternel n'est point de ce monde ; les brillants maillots tout dorés, pailletés et argentés, font place à une pauvre blouse ou à un habit déteint, et la voiture-maison se met en route vers d'autres horizons :

> Sous son bout de tuyau qui fume
> Là-bas s'éloigne dans la brume
> La caravane aux volets verts.

(1) Eugène Manuel, *Poésies du foyer et de l'école*.

Les coulisses de la Fête du Trône.

> La longue voiture ambulante
> Prend son allure somnolente :
> Que Dieu la garde de revers ! (1)

V. — Promenades en zigzag sur la rive gauche de la Seine. — C'est en parcourant la rive gauche d'un bout à l'autre, de l'orient au couchant, c'est-à-dire de la gare d'Orléans au Champ de Mars, que nous rencontrerons presque toutes les curiosités du vieux Paris.

Le boulevard de l'Hôpital, qui descend au pont d'Austerlitz, est aujourd'hui, grâce au voisinage de la gare, une voie très fréquentée. Le mouvement des voitures de toutes sortes y est considérable ; nombre d'hôtels, cafés, buvettes et restaurants occupent son côté droit, dans la partie qui avoisine la place Walhubert, où se trouvent l'entrée du Jardin des Plantes et les bureaux de la Compagnie d'Orléans.

En pénétrant par cette place dans le Jardin, on aperçoit tout au fond les nouveaux bâtiments en façade du Muséum d'histoire naturelle. De chaque côté, de magnifiques allées de tilleuls et de marronniers les précèdent ; *à gauche* sont plantées les écoles diverses d'arbres à fruits ou d'ornement ; *au centre* s'étend un jardin botanique aux plates-bandes semées de plantes alimentaires, industrielles ou médicinales et un joli carré creux orné sur ses talus de fleurs aux couleurs variées suivant la curieuse théorie des contrastes du célèbre centenaire M. Chevreul, qui vient de mourir à cent trois ans.

Le Palais des Singes.

Puis viennent les plantes d'ornement.

Enfin, *à droite,* l'École des arbres fruitiers, l'Orangerie, le Labyrinthe, le très renommé Cèdre du Liban et la MÉNAGERIE s'étendent jusqu'à la rue Cuvier.

Alors, pour la joie des enfants et la curiosité des parents défilent les parcs des kangourous et des lamas ; les fosses aux ours, où Martin veut bien quelquefois monter à l'arbre ; les loges des animaux féroces ; l'élégant palais des singes, dont les habitants luttent d'agilité pendant les beaux jours ; la Rotonde, où sont abrités les rhinocéros, hippopotames, girafes, dromadaires et éléphants.

A la fin de 1888, Roméo, le gros éléphant d'Asie qui fut pendant tant d'années l'ami des enfants et des marchands de pain de gruau, mourut à l'âge de trente-cinq ans, après quelques jours de maladie, laissant Juliette inconsolable. Son corps, transporté à l'aide d'appareils spé-

Martin à l'arbre.

Roméo et Juliette.

ciaux au laboratoire d'anatomie, fut livré à l'autopsie des hommes de l'art qui établirent que le vieux pensionnaire avait succombé à une phtisie pulmonaire.

La faisanderie, les cages des terrifiants oiseaux de proie, les galeries chauffées des reptiles, serpents et crocodiles, les bassins des tortues, les serres chaudes, les salles de zoologie, de minéralogie, de géologie, d'anatomie comparée, d'anthropologie et d'anatomie humaine complètent cet immense établissement qui n'occupe pas moins de 30 hectares, étendue encore insuffisante pour les nombreuses collections qu'il renferme.

Il se fait des cours publics au Muséum et dans les divers laboratoires; les heures et les jours en sont indiqués aux portes du Jardin, avec les noms des professeurs et le sujet des conférences.

Le Jardin des Plantes est séparé par la rue Geoffroy-Saint-Hilaire du vieil hôpital de la Pitié et par le boulevard de l'Hôpital du grand hospice de la

Une visite à la section Pinel.

Salpêtrière, hospice de la vieil-
lesse pour les femmes, ouvert
aux indigentes et aux alié-
nées, ainsi qu'aux enfants épi-
leptiques ou privés de la raison. Il y a à Paris un grand
nombre d'hôpitaux, hospices,
institutions et maisons d'utilité
publique et de bienfaisance,
placés sous l'administration
officielle de l'Assistance publique; la Salpêtrière est le
plus vaste de tous et le plus
grand établissement hospita-
lier de l'Europe. Comme son
voisin le Jardin des Plantes,
il couvre une trentaine d'hectares, comprend cinquante
corps de logis, renferme 5 à
6,000 habitants : enfin, c'est

18

une ville à visiter. Au fond d'une place gazonnée s'élève un portique d'entrée avec arcade et guichets à gauche et à droite : l'un pour les hommes, l'autre pour les femmes. La façade intérieure est monumentale, au fond de son jardin Louis XIII entouré d'une charmille et meublé de plates-bandes qui tracent de larges allées à son centre et de chaque côté. En passant sous les voûtes ouvertes au rez-de-chaussée des grands bâtiments, on est saisi de la perspective des cours qui se succèdent dans le lointain.

On traverse alors des jardins, une place, un boulevard, des rues ; de partout l'on voit le dôme de la chapelle, véritable église paroissiale qui peut contenir jusqu'à 4,000 assistants !

Derrière les fenêtres des dortoirs, dont les rideaux immaculés sont entr'ouverts, on aperçoit quelques groupes de vieilles à la tête coiffée d'un bonnet blanc et tirant l'aiguille comme en mesure, abîmées dans les visions du *passé* qui ne leur a laissé, à soixante-dix ans, que ce triste *présent*.

Celles qui sont assises sur les bancs de la belle promenade du centre, ou dans l'allée de l'église, vous suivent d'un œil machinal, heureuses encore d'être assez valides pour « sortir » et venir se chauffer au soleil. Tout ce milieu est empreint d'une profonde mélancolie que viennent accroître encore les renseignements fournis par les surveillantes sur les *grandes infirmes,* les *idiotes,* les *gâteuses,* les *folles,* les *agitées !* Et cependant elles sont rieuses et pimpantes, ces jeunes servantes, dont quelques-unes sont jolies ; grâce à leur présence, un rayon de jeunesse traverse ces infortunes.

La section Pinel, dont les cours sont entourées de cabanons pour les agitées, est particulièrement intéressante à voir ; mais il faut une autorisation spéciale du Directeur.

Chaque année, à la mi-carême, il y a grands bals costumés à la Salpêtrière, chez les folles : les

enfants et les adultes. Alors, long-
règne dans les deux camps une
fatigue bien grande, mais aussi
adoptive des pauvres petites
lante femme que la croix de
pensait dernièrement des
années elle prodigue à toutes
se lasse jamais. Chez les
véritable, invitations lan-
artistes, des étudiants, des
qu'intéressent les expé-
Charcot ou qui s'intéressent
ses études.

Quand la nuit est venue
lasses de taquiner le pavé des
dernière surveillante se sont
sernes qu'éclaire la lueur des
désertes, font bien de cet Hospice
que l'on appelle ses pensionnaires,

temps avant et quelques jours après,
animation extraordinaire. C'est une
une joie pour l'excellente -mère
déshéritées, Mlle Nicole, la vail-
la Légion d'honneur récom-
soins que depuis de longues
avec un dévouement qui ne
adultes, il y a réception
cées dans le monde des
médecins et de tous ceux
riences du célèbre docteur
aux malheureuses, sujets de

et que les béquilles reposent,
cours, lorsque les pas de la
éteints, alors les grandes ca-
veilleuses, les cours et les allées
le champ des « reposantes », ainsi
une vaste nécropole de septuagénaires !

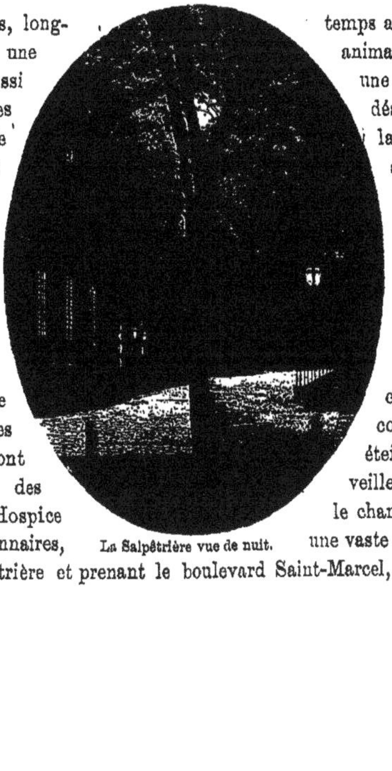

La Salpêtrière vue de nuit.

En sortant de la Salpêtrière et prenant le boulevard Saint-Marcel, presqu'en face, on arrive sur

La Bièvre.

l'avenue des Gobelins. Au bas, aboutissent la rue Monge venant du boulevard Saint-Germain ; la vieille rue Mouffetard, au coin de laquelle est située la curieuse église ogivale de Saint-Médard; la rue Claude-Bernard montant vers le Jardin du Luxembourg. A mi-hauteur de l'avenue des Gobelins, à droite, se trouve la Manufacture nationale de Tapisseries. Dans les salles d'exposition on voit quelques

Le Lion de Belfort et le Clocher de Montrouge.

spécimens des tentures qui ont fait la renommée de l'établissement ; on peut aussi visiter les ateliers de tapisserie et de tapis, où l'on voit les artistes à

La rue du Faubourg-Saint-Jacques.

Le Boulevard Arago.

l'œuvre. Dans l'atelier de teinture, on apprend ce qu'est la gamme chromatique de M. Chevreul, composée de 12 cercles où les couleurs s'atténuent insensiblement et qui ne renferment pas moins de 14,421 tons au total !

Des fenêtres des magasins situés au premier étage, on domine les jardins cédés par l'administration au personnel des ateliers, logé dans la manufacture. Ces jardins, riches en arbres fruitiers, très fleuris, seraient un séjour délicieux dans les soirées d'été si les émanations de la Bièvre qui les borde ne les rendaient difficilement habitables, et cependant ce ruisseau, dont les eaux alimentent de nombreuses tanneries établies sur ses bords, est encore, à lui seul, une curiosité.

Le Dôme
du Val-de-Grâce.

Remontant l'avenue des Gobelins jusqu'à la place d'Italie, d'où part l'avenue d'Italie conduisant à Villejuif, Vitry et Bicêtre, nous prenons à droite et, suivant le boulevard d'Italie et le boulevard Saint-Jacques, nous arrivons sur la place Denfert-Rochereau, au centre de laquelle se dresse le Lion de Belfort, près de l'embarcadère du chemin de fer de Sceaux et de la ligne de Paris à Limours, qui traverse à peu de distance le Parc de Montsouris. Puis, prenant la rue Denfert-Rochereau, en tournant le dos à l'église de

La Place de l'Observatoire.

Montrouge qu'on aperçoit au loin sur l'avenue d'Orléans, nous descendons au Quartier-Latin.

L'Observatoire montre tout de suite ses coupoles grandes et petites fermant la perspective du boulevard Saint-Michel, qui arrive là sous le nom d'Avenue de l'Observatoire. Les quatre faces du bâtiment correspondent aux quatre points cardinaux ; le méridien de Paris coupe sa façade du sud en deux parties égales. Après avoir traversé la place de l'Observatoire, où l'on admire en permanence des saltimbanques et des « hommes forts »,

Le Bal Bullier.

on passe auprès de la belle statue du maréchal Ney, élevée à l'entrée du bal Bullier, le grand bal des étudiants, à l'endroit même où le brave soldat tomba sous les feux du peloton d'exécution. Au bout de la première rue que l'on rencontre à droite, on aperçoit le dôme du Val-de-Grâce où sont installés l'Hôpital et l'École de Médecine militaires. Son église, les anciens appartements d'Anne d'Autriche et ses beaux jardins se recommandent à la curiosité des visiteurs. Laissant à gauche, en suivant le boulevard, le Jardin du Luxembourg et l'École nationale des Mines, — qui renferme un riche musée de géologie et de paléontologie ouvert au public, — ou bien descendant depuis le Val-de-Grâce la vieille rue Saint-Jacques, on arrive à la place du PANTHÉON, presque toujours déserte sauf aux heures des cours de l'École de Droit située au coin de cette place et de la rue Soufflot.

Le Panthéon est un des plus beaux monuments que nous ait légués le xviiie siècle.

La principale beauté du Panthéon, dit Edgar Quinet, c'est d'avoir Paris à ses pieds et d'être ainsi en spectacle permanent au peuple. Ceci n'avait pas échappé non plus aux hommes de la Révolution. Consacrer un Panthéon n'était pas à leurs yeux une œuvre de vanité politique. C'était un monument pour l'éducation d'une nation par l'exemple de ses morts illustres. De tous les côtés de la ville, les yeux se tourneraient vers les tombes populaires qui renfermeraient l'âme éternellement vivante de la France.

Saint-Étienne-du-Mont.

Mirabeau fut le premier mort illustre qu'on y déposa. Le Panthéon, tout en gardant inscrit sur son fronton : « Aux grands hommes la Patrie reconnaissante », était, il y a quatre ans encore, une église ; il est aujourd'hui *purement civil* bien qu'il soit toujours surmonté d'une croix. Élevé sur l'emplacement du tombeau de sainte Geneviève d'après les plans de Soufflot, l'édifice ne fut cependant pas bâti, dit Edgar Quinet, sur la « légende pieuse » de la patronne de Paris.

Soufflot a vécu en pleine lumière, non avec les chartes et chroniques du moyen
âge, mais avec Montesquieu, Rousseau, Buffon, Voltaire, ces quatre colonnes du
siècle de l'esprit. La pensée de ces hommes pénètre partout dans son
édifice. N'y cherchez pas les ténèbres volontaires des arceaux gothiques
Vous ne pouvez échapper à la curiosité de la raison. Tout le monument est
immergé dans la lumière du XVIII° siècle. Elle circule autour de la colonnade ; elle monte, elle scintille sous le dôme. Ce rayon obstiné de l'esprit
vous accompagne jusque dans les tombeaux. Si le monument a un
caractère, c'est d'être bâti de lumière. Mais, au milieu de cette clarté, où
est l'autel du mystère ? Je n'en vois pas la place (¹).

A l'intérieur, les voûtes sont soutenues par de
belles colonnes corinthiennes ; le dôme élève, au-dessus
d'énormes piliers réunis par quatre arcs, ses trois coupoles superposées.

Des statues de Falguières et des fresques de nos
peintres célèbres : Bonnat, Cabanel, J.-P. Laurens,
Puvis de Chavannes, décorent ce temple majestueux.
Dans les caveaux, on visite plusieurs tombeaux
parmi lesquels ceux de Voltaire et de Rousseau,

(1) EDGAR QUINET, *le Panthéon.*

Le Panthéon.

14

aujourd'hui vides de leurs cendres. Notre grand poète Victor Hugo y repose depuis le 1er juin 1885, jour de ses magnifiques funérailles.

A droite du Panthéon se trouve la mairie du 5e arrondissement devant laquelle se dresse la statue de Jean-Jacques Rousseau; puis s'ouvre la rue d'Ulm où est l'École normale supérieure; au fond de la place sont les bâtiments du vieux Collège Henri IV surmontés de leur beffroi. A côté, Saint-Étienne-du-Mont appuie sa curieuse façade sur une grande tour carrée qui porte une horloge: cette église a conservé son jubé du XVe siècle, qui la traverse en avant du chœur. Sur la gauche, la Bibliothèque Sainte-Geneviève, entourée des bâtiments du collège Sainte-Barbe, est séparée de l'École de Droit par la rue Cujas.

La Fontaine Carpeaux.

Descendons la rue Soufflot et entrons au Jardin du Luxembourg, dont les parterres sont renommés et où de larges terrasses ombragées forment les plus délicieuses promenades. Il s'étend, fleuri et planté de belles avenues, du Palais du Sénat à la place de l'Observatoire et du boulevard Saint-Michel à la rue du Luxembourg qui prolonge la rue Bona-

Palais du Luxembourg.

parte. La magnifique allée gazonnée qui conduit en face de l'Observatoire et qui est ornée de colonnes et de statues, se termine à la fontaine, dite de Carpeaux, dont le motif central est une énorme sphère supportée par quatre statues de Carpeaux représentant quatre parties du monde. Des chevaux et des tortues de Frémiet garnissent intérieurement le bassin.

A l'ouest de l'avenue, on voit la nouvelle École de Pharmacie ; elle renferme une salle d'histoire naturelle et une collection minéralogique très curieuses à voir.

Revenons au jardin ; un grand nombre de statues des femmes illustres de France ornent les terrasses ; dans les parterres sont disséminés des chefs-d'œuvre de sculpture. Du côté de l'Odéon, on admire la fontaine de Médicis, dont les trois niches garnies de statues occupent le fond du bassin ombragé par de beaux platanes.

Un Gardien du Jardin.

Les Serres s'étendent derrière les bâtiments de l'École des Mines. Le Musée du Luxembourg, jadis installé au premier étage du Palais, est maintenant transporté en face de la rue Férou. Les salles de peinture et de sculpture ont leur entrée dans la rue de Vaugirard ; elles renferment les œuvres remarquables des artistes vivants. Il faut visiter dans le Palais du Sénat la Salle des séances et la galerie des Bustes qui conduit à la salle des Fêtes, dont les fenêtres donnent sur le grand bassin central du jardin et d'où l'on aperçoit, au fond de la belle allée dont nous venons de parler, la façade de l'Observatoire. Le Petit-Luxembourg, contigu au Palais et à droite de son entrée, montre sur la rue de Vaugirard sa délicieuse façade du XVIIᵉ siècle : dans le fronton, se voit le buste en bronze de Marie de Médicis qui l'a fait bâtir.

La grande terrasse.

Si l'on descend alors vers la place Saint-Sulpice, on traverse des rues silencieuses d'un aspect religieux et austère, et qui conduisent au grand séminaire et à l'église.

Rentrons au Quartier-Latin par la place
de l'Odéon, c'est aussi le « pays » des principales maisons d'éditions littéraires et scien-
tifiques ; vers le faubourg Saint-Germain sont
les grandes Imprimeries. Nous prenons la rue
Racine qui aboutit au carrefour formé par le
boulevard Saint-Michel, la rue des Écoles et
la rue de l'École-de-Médecine, au cœur du
jeune quartier.

A l'entrée de la rue des Écoles, nous
voyons tout de suite les grands bâtiments de
la nouvelle Sorbonne, qui occupe maintenant
dans son ensemble tout le périmètre compris
entre les rues de la Sorbonne, Cujas, Gerson,
Saint-Jacques et la rue des Écoles. Le Collège
de France est à côté ; devant sa porte d'entrée
et dominant son large escalier on a élevé la
statue de Claude Bernard, le savant vivisecteur.
En montant la rue Jean-de-Beauvais et tournant à gauche, on arrive en face de l'École

Une brasserie
au Quartier-Latin.

Polytechnique, située rue Descartes, à quelques pas de Saint-Étienne-du-Mont. Avant de revenir sur le boulevard Saint-Michel, descendons la rue de la Montagne-Sainte-Geneviève jusqu'à la place Maubert, et traversons les vieux quartiers qui avoisinent le quai pour arriver rue Saint-Jacques et rue Saint-Séverin.

Les gargouilles de la vieille église Saint-Séverin s'avancent au-dessus de la chaussée étroite. Son portail du XIIIe siècle, sa tour du XIVe et le chœur du XVe sont des plus intéressants à visiter ; les contre-forts, le clocher et ses lucarnes, les élégants clochetons vus des petites rues avoisinantes présentent de curieux aspects.

Remontons le boulevard et entrons dans la rue de l'École-de-Médecine. A gauche, on voit l'élégant pavillon de Saint-Côme, du XVIIe siècle, qui sert d'amphithéâtre aux élèves de l'École nationale des Arts décoratifs ; puis, la rue s'élargit après la pittoresque rue d'Hautefeuille que nous connaissons déjà, pour devenir la place de l'École-de-Médecine, bordée de chaque côté par les bâtiments de la Faculté. L'École pratique est située à gauche, derrière le musée Dupuytren, installé dans l'ancien couvent des Cordeliers, dont on voit la façade encore intacte. Les Écoles, on le voit, se succèdent ; c'est en plein, le quartier des étudiants, le Quartier-Latin enfin, où sans cesse remue un peuple jeune, turbulent et quelquefois frondeur, qui dépense en huit jours le mois paternel, absorbe en bocks et en études des plus variées l'argent de ses inscriptions, qui porte l'été ses vêtements d'hiver... au *clou*, et l'hiver ceux d'été, rapportant en retour du Mont-de-Piété quelques pièces de monnaie et une *reconnaissance* souvent éternelle pour cette philanthropique institution. Il y a beaucoup d'exceptions et depuis quelques années les nombreux Roumains, Valaques, Moscovites, etc., qui arrivent chaque automne les poches garnies

d'or ont bien un peu mo-
difié l'aspect bohème de
la jeune tribu, mais ce
sera toujours le joyeux
quartier, oublieux des
ennuis de la veille et du
lendemain pour ne son-
ger qu'aux plaisirs pré-
sents... et de temps à
autre aux études. Si les
« Schaunards » moder-
nes ont leur clou, les
« Musettes » ont leur
tante qui, pendant les
vacances, alors que cha-
cun *goûte* les douceurs
de la famille, reçoit de
fréquentes visites de ses
nièces. Ces mois derniers

Sur le Boulevard Saint-Michel.

il s'est agité dans ce monde généralement insouciant une grave question : celle du « béret ». Le Paradis-

Latin, un nouveau lieu de plaisir établi sur la rive gauche à l'instar des Folies-Bergère, a retenti des discussions contradictoires qu'a soulevées le nouveau couvre-chef. Elles n'ont point abouti, paraît-il, et pour nous, nous ne croyons pas à l'avenir du béret. Il faudra trouver autre chose ou se contenter de l'uniforme du temps passé... où il n'y en avait pas.

L'École de Médecine comprend, d'un côté de la place, l'ancien corps de bâtiment précédé d'un portique de six colonnes corinthiennes, au-devant duquel se trouve la statue de Bichat, en façade au fond de la cour d'entrée ; cette partie a été considérablement agrandie sur le boulevard Saint-Germain où elle forme une nouvelle façade. Deux corps de bâtiments attenants et perpendiculaires au portique sont reliés entre eux par une galerie à jour qui encadre la porte d'entrée couronnée d'un bas-relief. De l'autre côté de la place, de vastes constructions qui s'achèvent s'étendent jusqu'à la rue Monsieur-le-Prince et occupent la plus grande partie de la rue Racine. Tous ces développements ont permis d'agrandir l'École pratique, la Bibliothèque, le Musée d'anatomie et d'adjoindre aux anciens locaux de vastes amphithéâtres, des salles de dissection et diverses cliniques. C'est de là que, chaque année, sortent quelques centaines de jeunes hommes, saturés de cours de pathologie, de clinique et de thérapeutique, qui se répandent dans la société en qualité de docteurs-médecins. Les « internes » des hôpitaux forment l'élite de cette armée pacifique, et deviennent plus tard ces sommités du monde médical : chirurgiens habiles, professeurs distingués qui sont attachés aux hôpitaux de Paris.

Quittons le pays des « carabins » pour celui des « rapins », c'est-à-dire pour celui des élèves-artistes. Suivant le boulevard Saint-Germain et la rue Bonaparte que nous connaissons, nous arrivons à l'École des Beaux-Arts.

Il n'y a pas plus aujourd'hui de rapins que de carabins à longs cheveux et à vêtements fantastiques ; mais, si l'enveloppe s'est modifiée, l'enveloppé est resté le même qu'autrefois. Le rapin est un jeune homme qui fait de la peinture ou de la sculpture,

L'École de Médecine.

et possède toujours un *atelier* dont il est fier : il est vrai qu'il y va rarement en hiver parce qu'il y fait « bigrement » froid et moins souvent en été parce qu'il y fait « bougrement » chaud et qu'il faut aller « copier la nature ». C'est à l'École des Beaux-Arts qu'il se forme en suivant les cours des célébrités du monde des arts : peintres, sculpteurs, et aussi architectes et graveurs ; c'est de là que l'on part, heureux lauréat, pour la villa

L'École des Beaux-Arts.

Médicis lorsqu'on a été, au concours, couronné prix de Rome. L'entrée de l'École, véritable palais, donne, 14, rue Bonaparte. Dans les deux cours qui précèdent la façade principale on admire : de nombreux fragments de sculpture et d'architecture ; une belle colonne corinthienne en marbre surmontée de la statue de l'*Abondance ;* le portique à jour du château de Gaillon et un délicieux portail de Jean Goujon et de Philibert Delorme ; un bassin en pierre, orné de vingt-huit têtes en relief, et qui est d'un seul morceau de quatre mètres de diamètre ; enfin, des bas-reliefs du plus haut intérêt artistique. Le vestibule des Écoles, puis la Cour du Mûrier, autour de laquelle on voit le marbre élevé à la mémoire d'Ingres et le monument consacré à Henri Regnault et aux élèves tués dans la défense de Paris en 1870-71 ; les galeries à jour, les diverses salles, l'amphithéâtre, la Bibliothèque et la grande salle Melpomène, galerie d'exposition donnant sur le quai Malaquais le long de l'Hôtel de Chimay, complètent un ensemble qui mérite une longue visite.

Arrivé sur le quai, on voit, à droite, s'avancer vers le pont des Arts les bâtiments du Palais de l'Institut. La paix, l'étude et le recueillement ont succédé aux « orgies » de la tour de Nesle, qui occupait une partie de ce même emplacement. C'est le temple de nos « immortels » qui, au nombre de quarante, forment l'Académie française. Mais c'est aussi le palais des quatre autres Académies, savoir : l'Académie des Inscriptions et Belles-Lettres, l'Académie des Sciences, l'Académie des Beaux-Arts et l'Académie des sciences morales et politiques.

En continuant vers le Pont-Neuf et avant d'y arriver, on rencontre l'hôtel de la Monnaie ; les deux magistrales façades du quai Conti et de la rue Guénégaud, le magnifique escalier du « Musée monétaire » et ce Musée lui-même en font une des curiosités les moins connues de Paris.

Tout le long des boulevard de ce nom, jus- bouquinistes encombrent bibliomanes : c'est la li- boîtes à l'aspect mysté- ferment rarement des chures qui ont su éviter la gnées de courir d'une bi- encore des pages intéres- a fait beaucoup de bruit tune! quelquefois, à la cace de l'auteur, qui vous de sa précieuse écriture :

Du Pont-Royal, en on rencontre, après les des comptes, le coquet Pa- neur, dont les salons sont peintures remarquables ; lais-Bourbon ou Chambre

quais, depuis le quai qu'au quai Voltaire, qui les parapets, à la grande brairie mise à la portée rieux, et qui excitent la livres précieux ou rares ; boutique de l'épicier et bliothèque à l'autre, sans

Les bouquinistes sur les quais.

Saint-Michel, au delà du aboutit au Pont-Royal, des joie des bibliophiles et des de toutes les bourses. Ces curiosité du passant, ren- mais, dans l'amas des bro- qui sommeillent là, fati- avoir été *coupées,* on trouve santes, un feuilleton qui à son apparition, et, ô for- première page, une dédi- offre ainsi un spécimen le tout pour deux sous.

suivant le quai d'Orsay, ruines de l'ancienne Cour lais de la Légion d'hon- ornés de plafonds et de puis, l'on retrouve le Pa- des Députés. Son grand

péristyle, qui fait face au pont de la Concorde, forme le pendant de la façade de la Madeleine ; l'entrée du Palais donne sur la rue de l'Université. La grande porte encadrée d'une colonnade précède une vaste cour d'honneur ornée de portiques ; un escalier monumental en occupe le fond. La salle des séances, richement décorée de colonnes en marbre à chapiteaux de bronze doré, est à visiter, ainsi que les peintures d'Eugène Delacroix qui ornent la salle du Trône et la Bibliothèque.

Le faubourg Saint-Germain termine la promenade de la rive gauche ; il s'étend entre les quais au nord, l'esplanade des Invalides et le boulevard du même nom à l'ouest et au sud ; la rue des Saints-Pères et la rue de Sèvres peuvent être considérées comme le fermant à l'est. Dans la première, au n° 28, est située l'École des Ponts et Chaussées. Dans la rue de Sèvres se trouvent les grands magasins du Bon Marché, les hôpitaux Laënnec, Necker et des Enfants malades. Près de là, on voit le Puits artésien, sur la place Breteuil.

De riches hôtels meublent les rues silencieuses de l'aristocratique faubourg. Plusieurs administrations y sont établies : le ministère de la Guerre, n° 231, boulevard Saint-Germain ; sur le même boulevard, au n° 246, le ministère des Travaux publics, au n° 244, le ministère de l'Agriculture ; le ministère de l'Instruction publique, 110, rue de Grenelle ; le ministère du Commerce et de l'Industrie et la Direction des Postes et Télégraphes, 101, même rue ; la vieille *Revue des Deux Mondes,* dans son hôtel somptueux, 15, rue de l'Université. Enfin, sur le boulevard des Invalides se trouve l'Institution des Jeunes Aveugles ; puis nous arrivons à l'Esplanade et au Champ de Mars. A l'ouest de l'Esplanade, sur le quai, se trouve la Manufacture des Tabacs ; avant le Champ de Mars, au n° 103 du quai d'Orsay, le Garde-Meuble, où l'on voit les meubles et tapisseries destinés à la décoration des Palais nationaux.

VI. — Autour de Paris, par le chemin de fer de ceinture. —
Il nous reste maintenant à connaître les quartiers éloignés du centre de
la ville ; faisons le tour de Paris par le chemin de fer de ceinture, nous
aurons en même temps et rapidement une idée des environs les plus
proches. Le trajet compte 35 kilomètres et dure deux heures et demie ;
on peut prendre le train à l'une des 29 stations qu'il dessert ; mais
partons du point principal, à l'intérieur de Paris, la gare Saint-Lazare.
Passant sous un tunnel, nous sommes à la station des *Batignolles*.

Le quartier des **Batignolles** est, à lui seul, une ville d'une grande
originalité ; dans le voisinage du boulevard de ce nom habitent tout un
peuple d'employés de magasins ou d'administrations du centre de Paris
et un grand nombre d'artistes lyriques, dramatiques, peintres et sculpteurs. Les rues qui entourent le parc Monceau, l'avenue de Villiers, le
boulevard et la place Malesherbes, où se trouvent l'hôtel Gaillard, dans
le style du xvie siècle, et la statue d'Alexandre Dumas père, en forment
le centre riche. C'est à Batignolles qu'était autrefois le grand lycée des

Le Moulin de la Galette, à Montmartre.

jeunes Polonais, autour duquel s'était groupée la sympathique colonie de ces familles sans patrie.
Aujourd'hui, le nombre des émigrés a considérablement diminué, la mort ayant éclairci les rangs des
vieux soldats de 1831.

Après cette station, coupant le boulevard Pereire en deux parties dans sa largeur, on arrive à *Cour-*

La Rue de Clichy et la Place Moncey.

celles-*Ceinture*, d'où partent les trains allant vers l'est; mais le nôtre continue sans s'arrêter jusqu'à *Courcelles-Levallois,* sur l'avenue de Villiers; après le tunnel de la place Pereire, il arrive à la station de la *Porte-Maillot,* dans le quartier des **Ternes,** au bas de l'avenue de la Grande-Armée, à l'entrée de l'avenue de Neuilly.

Ce que disait Victor Hugo du Paris de Philippe-Auguste peut s'appliquer exactement à ce qui se produit de nos

Cynghalais.   Hottentots.   Lapons.

Au Jardin d'Acclimatation. — Le champ où fraternisent avec les Parisiens les peuples les plus divers.

jours un peu partout aux environs des murs d'enceinte, mais plus particulièrement à CLICHY, LEVALlois-Perret et à Neuilly. Auprès des fortifications, « les maisons se pressent, s'accumulent et haussent leur niveau dans ce grand bassin comme l'eau dans un réservoir. Elles mettent étages sur étages, montent les unes sur les autres ; elles jaillissent en hauteur comme toute sève comprimée, et c'est à qui passera la tête au-dessus de ses voisines pour avoir un peu d'air. Les maisons enfin sautent par-dessus le mur et s'éparpillent joyeusement dans la plaine, sans ordre et tout de travers, comme des échappées. Là elles se carrent, se taillent des jardins dans les champs, prennent leurs aises. »

C'est à la station de la Porte-Maillot que l'on descend pour aller au Bois de Boulogne et au Jardin d'Acclimatation. Situé dans l'enceinte du Bois, près de l'avenue de Neuilly, on s'y rend par une ligne de tramways-miniatures ; il renferme un grand nombre des espèces animales et végétales que produisent les divers climats du globe : des serres magnifiques, des parcs, des faisauderies, des volières, des pouleries, des vacheries, une laiterie où l'on boit du lait garanti pur, une bergerie, un aquarium, un pigeonnier de pigeons-voyageurs, un beau chenil, etc., etc. C'est un lieu de promenade favori des Parisiens, qui, en été, les jeudis et les dimanches, y viennent écouter sous l'ombrage la musique d'un excellent orchestre et se familiariser avec les mœurs et les races les plus exotiques. Il n'est pas rare d'y rencontrer une famille entière portée à dos d'éléphant et tout heureuse de se promener dans les allées superbes, à côté d'une jeune cavalière rudement secouée entre les bosses d'un dromadaire. Plus d'une jolie « cocotte » de Paris s'y fait voiturer par une magnifique autruche du Cap. Enfin des échantillons des peuples les plus divers : Nubiens, Esquimaux, Achantis, Cynghalais, Hottentots, Lapons, etc., etc., viennent y fraterniser tour à tour avec la foule des Parisiens, que maintient à grand'peine un grillage protecteur.

Quittant la Porte-Maillot, on passe sous l'avenue de la Grande-Armée, le long du boulevard Lannes, et on arrive à la station de l'*Avenue du Bois-de-Boulogne,* conduisant aux grands lacs ; vient la station du *Trocadéro,* qui dessert encore le Bois et le Palais du Trocadéro. Contournant le joli parc et le château de la Muette, on est à **Passy** ; ses sources d'eaux minérales, ses jolis villas, sa belle vue sur la vallée de la Seine, le voisinage du bois de Boulogne, le boulevard Beauséjour, les charmants cottages et les quinconces du Ranelagh, enfin la facilité de communiquer avec Paris par le chemin de fer, les omnibus ou les bateaux, en font une

Le Viaduc d'Auteuil.   Le Point-du-Jour.

agréable résidence. De Passy, passant entre le boulevard Suchet à droite et le boulevard Montmorency, on arrive à **Auteuil**, tout aussi paisible et peuplé de villas ; immédiatement au delà des fortifications se trouve le champ de courses, qui s'étend de la route de Passy à la route de Boulogne. De la station d'Auteuil jusqu'à la rive gauche de la Seine, après avoir passé au *Point-du-Jour,* dernier arrêt de la rive droite, la voie suit un magnifique viaduc de 2 kilomètres de long, percé de grandes arcades cintrées et qui forme au rez-de-chaussée une promenade couverte avec routes pour les voitures. De l'impériale du train on jouit alors d'un panorama splendide vers l'ouest : on découvre derrière l'île de Billancourt, le bois de Boulogne, le mont Valérien qui domine Suresnes, Saint-Cloud, Sèvres et les coteaux de Meudon coupés par le viaduc du chemin de fer de l'Ouest. Depuis Batignolles jusqu'à la Seine, en suivant la Ceinture, les faubourgs ne sont qu'une annexe du Paris élégant et artiste. Plus près du fleuve, dans la zone des Champs-Élysées, les quartiers François Ier, Marbeuf, de Chaillot sont surtout habités par les riches colonies étrangères.

Les stations de la *rive gauche* sont à **Grenelle**, d'où l'on va à Issy et Vanves et où s'embranche la petite ligne qui conduit au Champ de Mars ; à **Vaugirard**, puis à l'*Ouest-Ceinture* coupant la ligne de Versailles rive gauche ; à *Montrouge,* pour **Plaisance** et le **Petit-Montrouge**, à gauche des villages de Malakoff et du Grand-Montrouge. Le train pénètre alors dans un long tunnel creusé à travers les catacombes et débouche à la station de la *Glacière-Gentilly,* en correspondance avec le chemin de fer de Sceaux et de Paris à Limours. Avant d'arriver à la *Maison Blanche* au delà de l'avenue d'Italie, on traverse, dans le quartier de la **Glacière**, la Bièvre et l'on aperçoit à droite Gentilly et l'hospice de Bicêtre. *Orléans-Ceinture* dans le quartier de la **Gare**, correspondant avec les grandes lignes du chemin de fer d'Orléans, est la dernière station de la rive gauche. Tous les quartiers excentriques de cette rive sont autant de villes ouvrières ; Grenelle surtout compte un grand nombre d'ateliers et d'usines.

En descendant à la station de Gentilly on visite le parc de Montsouris, jolie promenade d'où l'on a une vue très étendue sur Paris et sur la vallée de la Bièvre. Près de l'entrée du parc se trouve le grand réservoir de la Vanne qui peut contenir 300,000 mètres cubes d'eau et en reçoit 90,000 par jour.

D'Orléans-Ceinture, ayant à droite IVRY, on traverse la Seine sur le Pont-National et l'on arrive à la *Râpée-Bercy*, station qui correspond avec le chemin de fer de Paris-Lyon-Méditerranée. **Bercy** est la

Le Pont-National.

ville des négociants en vins et alcools ; tout le long de la Seine, les arbres malheureusement abattus ont fait place à d'immenses caves qui ouvrent sur la berge et sont recouvertes d'une large terrasse avec rampe. Longeant CHARENTON et le BOIS DE VINCENNES, on rencontre la station de *Bel-Air* où s'embranche la ligne de SAINT-MANDÉ, VINCENNES, et BRIE-COMTE-ROBERT, puis le *Cours de Vincennes*, près de MONTREUIL aux vergers renommés, au coin de la grande avenue qui conduit à la place de la Nation. Le Bois de Vincennes, forme la grande promenade de l'est ; de jolis lacs, un vaste champ de courses et

La Rue de la Roquette et l'entrée du Père-Lachaise.

de manœuvres qui s'étend jusqu'au plateau de Gravelle d'où l'on a une vue superbe sur la vallée de la Marne, y attirent un grand nombre de visiteurs. A **Charonne** on descend pour visiter le cimetière du PÈRE-LACHAISE, le plus grand et le plus riche des cimetières parisiens ; situé sur une colline, il couvre une superficie de plus de quarante hectares. Les sépultures « à perpétuité » y sont maintenant seules admises. En dehors des monuments funèbres qui présentent un intérêt artistique, il renferme un grand nombre de tombes de personnages célèbres ; c'est là que reposent La Fontaine, Molière, Beaumarchais, Balzac, Alfred de Musset, Béranger, Rachel, la tragédienne, Raspail, Thiers, Louis Blanc, etc.; enfin des curiosités de

différents genres : le tombeau d'Héloïse
et Abélard, le mausolée de la comtesse
Demidoff, la colonne de Félix de Beau-
jour, plusieurs monuments commémora-
tifs des journées tragiques de 1870-1871.

Passant sous le Père-Lachaise, on
arrive à **Ménilmontant**, d'où l'on va à
Bagnolet, puis on traverse un autre
tunnel percé sous les Buttes-Chaumont,
que dessert la station de *Belleville-
Villette,* dans le voisinage du Pré-Saint-
Gervais.

Les massifs et les pièces d'eau, les
falaises escarpées au-dessus du grand lac
central, et outre lesquelles sont jetés des
ponts suspendus, le temple aux colonnes
corinthiennes qui couronne le sommet, la
cascade et les stalactites de la grotte,
font du parc des Buttes-Chaumont une
promenade très fréquentée.

Les Buttes-Chaumont.

De Belleville-Villette un petit embranchement conduit au Marché aux bestiaux et aux Abattoirs, que l'on voit en traversant le canal Saint-Martin. La station du *Pont-de-Flandre*, située entre PANTIN et AUBERVILLIERS, *Est-Ceinture* qui correspond avec les grandes voies de l'Est, *La Chapelle-Nord-Ceinture* d'où l'on découvre SAINT-DENIS et ses cheminées de fabriques et où l'on regagne le chemin de fer du Nord, enfin la station du *Boulevard Ornano* nous amènent à Montmartre, à gauche de **Clignancourt**.

Montmartre est, comme Batignolles, habité en partie par des employés, de petits rentiers et des artistes : du côté de la plaine Saint-Denis sa population est presque exclusivement ouvrière. Il occupe le point le plus élevé du territoire parisien : la butte est à plus de 100 mètres au-dessus de la Seine ; au sommet se dressent les constructions gigantesques de l'église du Sacré-Cœur et, à côté, un vaste réservoir vient d'être achevé. Montmartre offre plus d'un point à l'attention des artistes ; les rues Ravignan, Lepic, du Mont-Cenis, Saint-Vincent et de la Bonne, ancienne rue des Rosiers, dédommagent largement le touriste de la pénible ascension de la colline par leurs aspects pittoresques et leurs vues sur Paris ou la banlieue.

La vieille église Saint-Pierre de Montmartre date du XIIe siècle ; bien que mutilée depuis, elle est très curieuse à visiter : son abside, appelée le Chœur des Dames, isolée de la grande nef par un mur provisoire est tout échafaudée à l'intérieur et soutenue extérieurement par des contreforts délabrés ; on y voit encore des chapiteaux de marbre provenant d'une chapelle mérovingienne. On remarque à l'intérieur de l'église deux colonnes en marbre vert antique ayant appartenu à un temple païen, dans le jardin les cloches de Saint-Pierre montées sur des échafaudages et un calvaire avec une grotte renfermant un Christ au tombeau. Non loin de là, le Moulin de la Galette, qui ne tourne

plus, mais fait encore tourner plus
de ses grands bras au bal Debray
tions de l'entrechat, le petit bleu et
bruyante et joyeuse aux pieds de
fin qui, fatigués de moudre, ne
postes d'observation d'où l'on
panoramas. En suivant la rue
butte, on arrive au pont du
dessus du cimetière Montmartre,
parisiens ; on y trouve de
exilés Polonais avec ce der-
« Puisse un vengeur naître
les sépultures de Murger,

Le méridien de Paris a
martre, à côté du Moulin de
fer qui s'élève de terre et
Méridienne ». Les stations

Le Chœur des Dames, à Montmartre.

d'une jolie tête sans bonnet, appelle
la jeunesse d'alentour. Les séduc-
le lapin sauté attirent une foule
ces spectres : le *Radet* et le *But à*
sont plus aujourd'hui que des
découvre sur Paris de merveilleux
Caulaincourt qui contourne la
même nom, jeté hardiment au-
le plus ancien des cimetières
nombreuses tombes des vieux
nier appel du désespéré :
un jour de nos cendres ! » ;
Théophile Gautier, Baudin.
sa place marquée à Mont-
la Galette, par une lance en
s'appelle « l'Aiguille de la
de l'*Avenue-de-Saint-Ouen*

et de l'*Avenue-de-Clichy* desservant ces deux localités nous ramènent à Courcelles-Ceinture puis à la
gare Saint-Lazare, après avoir passé au-dessous de la ligne de Versailles rive droite et des autres
grandes lignes du chemin de fer de l'Ouest.

TABLEAUX PARISIENS

I. — PANORAMA RÉTROSPECTIF ET COMPARATIF

Paris il y a vingt ans et Paris aujourd'hui. — Paris se renouvelle sans cesse ; depuis vingt ans la ville

Ancienne Butte des Moulins   aujourd'hui   Avenue de l'Opéra.

a subi, dans ses monuments, dans ses rues, ses places, ses boulevards, de nombreuses transformations qui se continnent d'année en année. Il est donc utile de faire connaître les plus importantes au venir des changements qui peuvent le désorienter s'il n'est pas venu à ques années. Il verra à la fois passer sous de ce qui poseront aux présent aux ses yeux, ce qui a existe actuellement ; souvenirs... sans regret, désagréments du touriste, afin de le pré- Paris depuis quel- disparu, *en regard* les regrets s'op- les avantages du passé.

Ancienne Place du Château-d'Eau   aujourd'hui   Place de la République.

LA BUTTE SAINT-ROCH ou DES MOULINS a fait place depuis 1876 à la belle AVENUE DE L'OPÉRA, conduisant du Théâtre-Français à l'Opéra. LA PLACE DU CHATEAU-D'EAU, où s'élevait la fontaine aux lions que l'on peut voir

L'ANCIEN HOTEL DE VILLE.

LE NOUVEL HOTEL DE VILLE, inauguré en 1882.

maintenant place Daumesnil, au bout de la rue de Reuilly, est devenue la Place de la République avec la statue monumentale que nous avons décrite. L'Hôtel de Ville a été réédifié, ainsi que nous l'avons dit, sur l'emplacement et sur les plans de l'ancien, modifiés selon les besoins nouveaux. Les anciens bâtiments de l'Hôtel-Dieu, dans l'île de la Cité, ont été rasés et remplacés par un square en bordure le long du petit bras de la Seine et où se trouve une statue équestre de Charlemagne. Le nouvel Hôtel-Dieu, en façade sur la place du Parvis étend maintenant ses vastes constructions jusque sur l'autre rive de la Cité, en regard de l'Hôtel de Ville.

Le château des Tuileries, que tant de monarques : Henri IV, Louis XIII, Louis XIV, Napoléon Ier, Louis-Philippe et Napoléon III ont successivement voulu « rattacher » au Louvre, et qui ne l'a été effectivement que pendant les dernières années du second empire, a disparu pour ne laisser subsister définitivement que les galeries du bord de l'eau et de la rue de Rivoli qui le « rattachaient », *habent sua fata...* Il reste aussi les fortifications du palais, autre ironie du sort, bordées heureusement de lilas qui embaument les parterres : ceux-ci s'étendent aujourd'hui à gauche et à droite de la rue des Tuileries jusqu'au pied de l'arc de triomphe du Carrousel.

La place Maubert. La rue Monge prolongée jusqu'au quai Montebello et qui conduit à la place du Parvis, entre le pont au Double et le pont de l'Archevêché, vient de modifier considérablement ce coin de Paris. La rue Galande reste en grande partie, et la fameuse « Maison rouge » est encore debout ; le père Lunette lui-même, dans la rue des Anglais, n'a pas été atteint. Ces deux bouges flambant d'ivresse, ces réceptacles hideux du vice militant survivent au nettoyage de la place Maubert. Le carrefour formé par les rues des Trois-Portes, Jacinthe et du Fouarre, — dans le voisinage de l'hôtel Colbert et de l'ancien amphithéâtre de médecine, dont l'entrée est encore curieuse à voir, 151, rue de la Bûcherie, — était la dernière cour des miracles qui survécût à Paris, avec la cité Doré, existant encore rue Jenner, derrière la gare d'Orléans, près du boulevard de l'Hôpital. Tous ces couloirs puants d'humidité dataient du XVIIIe siècle ; il ne faudrait pas croire, cependant, que les *masures* qui subsistent n'abritent que des chenapans ; comme dans plus d'un quartier de Paris, le vice et la misère, la paresse et le travail vivent là côte à côte : un grand nombre de maçons venus pour la belle saison dans la capitale, y logent dans des *chambrées à la*

L'ancien Hôtel-Dieu et le Petit-Pont.

Le nouvel Hôtel-Dieu et la Place du Parvis.

L'ARC DE TRIOMPHE DU CARROUSEL ET LE PALAIS DES TUILERIES.

nuit, en compagnie des pauvres honteux, non loin des voleurs qui n'ont rien à leur voler. C'est sur la place Maubert que se tient le *marché au tabac*, alimenté par les ramasseurs de *bouts de cigares*.

Les clients du Père Lunette.

L'ancienne Place Maubert et le Marché au tabac.

Un pavillon des Halles centrales.

II. — LA VIE DE PARIS

ET

LA VIE A PARIS

PARIS, disent les uns, est une ruche énorme où bourdonnent et travaillent avec une activité fébrile deux millions et demi d'abeilles que visitent, par milliers, des étrangers venus de tous les points du globe. « Paris, a dit un penseur, est le cerveau du monde » ; un dicton local ajoute que c'est « le Paradis des femmes et l'enfer des chevaux. »

Les statistiques officielles établissent en chiffres ronds, qu'il naît chaque année, dans cette ville, 45,000 enfants légitimes et 15,000 illégitimes ; qu'il y meurt 55,000 personnes ; qu'il s'y consomme 20,000 mariages et s'y exécute 500 divorces.

Paris qui mange. — Paris mange, par an : 174 millions de kilogrammes de viande de boucherie et 4 millions et demi de kilogr. de viande de cheval ; 25 millions de kilogr. de volaille et de gibier ; 240 millions de kilogr. de légumes et de fruits, dont plus de 8 millions de kilogr. de raisin frais ; 25 millions de kilogr. de poisson et plus de 5 millions de kilogr. de moules « fraîches et bonnes! » 8 millions de kilogr. d'huîtres, le tout assaisonné de 17 millions de kilogr. de beurre ; 20 millions de kilogr. d'œufs et plus de 6 millions de kilogr. de fromages secs.

C'est aux *Halles centrales* qu'affluent ces victuailles gargantuesques. Les pavillons qui les composent sont réunis en deux groupes séparés par une grande voie, la rue Baltard, du nom de leur architecte ; tout autour, rayonnent de larges rues venant des différents quartiers de la ville. La rue du Pont-Neuf et la rue des Halles pour la rive gauche, les rues Rambuteau, Turbigo, Montorgueil, Montmartre et Coquillière pour les différents points de la rive droite, sont les principales voies de communication par où les maraîchers apportent leurs produits qui se

Les arrivages, rue du Pont-Neuf.

18

vendent sur place ou, retournant par les mêmes chemins, s'en vont approvisionner les marchés secondaires de la ville. Dans le voisinage des Halles, rue de Viarmes, se trouve l'ancienne Halle au blé, à laquelle on a annexé aujourd'hui la *Bourse du Commerce*, bâtie sur l'emplacement de l'hôtel de Soissons. La volaille occupe à elle seule un pavillon : les œufs et le beurre, un autre ; la boucherie, un troisième ; et, de même, le poisson, les fromages, les légumes et les fruits. Dans les sous-sols, vastes et bien aménagés, des compteurs assermentés et des inspecteurs municipaux comptent et mirent les œufs, examinent la qualité des produits divers : viande, beurre, fromages, poissons et président à l'hécatombe gigantesque de milliers de poulets dont le sang emplit des cuves énormes, au milieu des cris poussés par les pauvres égorgés. Les « forts » sont toujours beaux à voir coiffés de leur large feutre gris ou du petit bonnet de coton de couleur, enveloppés dans leur blouse qui flotte autour de leur torse puissant ; mais les « dames de la Halle » ont perdu beaucoup de leur caractère pittoresque et... peu endurant. Elles se sont policées et Mme Angot, leur aïeule « si forte en gueule », dit-on, serait aujourd'hui une personne fort mal *embouchée*.

On mange à Paris dans un nombre incommensurable de restaurants, grands, moyens et petits, à la carte ou à prix fixe, toujours ouverts, très chers ou à très bon marché, très luxueux ou très simples ; sans parler des tables d'hôtes d'hôtels, des cafés et des brasseries où l'on sert à manger, des crémeries : on n'a que l'embarras du choix.

PARIS QUI BOIT. — Le port où se déversent les tonneaux des vins très variés qui désaltèrent Paris ou, prétend-on, altèrent sa santé, est à *Bercy*, secondé par l'Entrepôt du quai Saint-Bernard, appelé la *Halle aux Vins*. On vend dans Paris du vin à 10, 12, 14, 16, 18 et 20 sous le litre ; ne nous demandez pas quel est le meilleur, la différence entre ces qualités est si peu appréciable ! Celui à 10 sous est ce qu'on appelle couramment le « vin de ménage » ! Il y a dans la capitale, un nombre incalculable de marchands de vin. Il est vrai que l'on n'y débite pas seulement du vin : c'est sur « le zinc du mastroquet » que l'ouvrier prend une absinthe, une *verte*, « étrangle un perroquet » et que le petit employé déguste un vermouth, un bitter *cuirassé*, corruption du bitter au curaçao.

Il y a aussi à Paris de nombreuses brasseries où l'on boit de la bière de différentes provenances ; de nouveaux petits établissements peints en blanc, où l'on vend du lait en carafe contenant un litre, vendu de 0 fr. 40 c. à 1 franc,

Un comptoir de dégustation.

suivant les quartiers et le luxe de la maison ; un grand nombre de comptoirs de dégustation que l'on voit, à l'heure du déjeuner, s'emplir de toutes les ouvrières du quartier qui viennent y prendre leur café noir, à dix centimes la tasse, et où, toute la journée, on débite des liqueurs à des prix modérés ; sur la plupart des boulevards, des bars en plein vent versent aux passants des sodas, sirops de groseilles et autres orgeats à deux sous le verre ; enfin, un peu partout, on rencontre

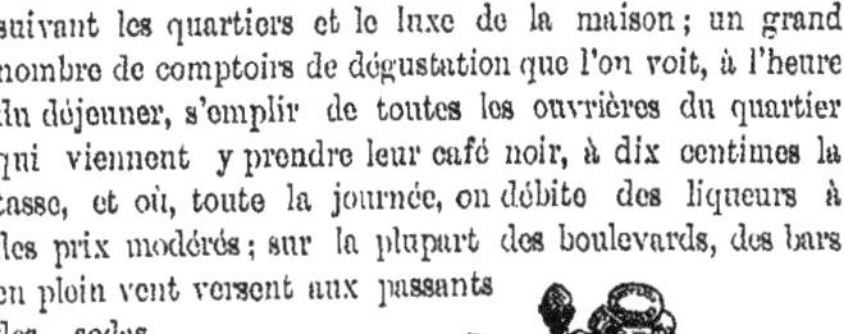

Un bar en plein vent.

de jolies petites fontaines où l'eau, très bonne à boire, coule perpétuellement fraîche et filtrée : c'est « la Wallace », du nom de sir Richard Wallace qui en dota généreusement la ville.

PARIS QUI JEÛNE. — Il y a cependant à Paris plus d'un malheureux pour qui « deux sous de frites » seraient un régal auquel il ne peut prétendre ; il y a des gens affamés au milieu de « Paris gorgé ».

A côté des « profondeurs de nourriture » dont débordent les Halles, suivant l'expression de l'auteur du *l'entre de Paris*, on voit, rôdant autour des pavillons, quelques pauvres gens, à la figure idiote à force d'être misérables, qui offrent aux acheteurs une salade, des oignons, des poireaux à un sou la botte pour acheter un sou de pain. C'est que dans ce Paris immense le luxe se heurte aux haillons ; la pauvreté

Un sou la botte !

honteuse s'y dérobe dans la foule des gens heureux, car la grande ville est discrète, et, bien mieux que les petites cités, permet à ceux qu'un mauvais sort poursuit de s'isoler et de se taire, en attendant des jours meilleurs. Alors, on frappe à la porte du *Mont-de-Piété*, cette bienfaisante institution qui — dans tous les pays, cela n'a rien qui soit particulier à Paris — prête une faible partie de la valeur qu'elle a reconnue à l'objet que vous lui apportez au taux de 9 pour 100 qui sont, d'après les règlements, prélevés au profit des pauvres : la misère trouve ainsi le moyen de faire l'aumône.

Mont-de-Piété.　　　Deux sous de « frites ».

La misère à Paris.

Heures parisiennes. — Paris change de physionomie d'heure en heure, et cela avec la précision de mouvement d'un chronomètre : le lendemain ramenant, à la même place et à la même heure, le type ou la petite scène de la veille.

PARIS LE MATIN. — L'heure est indiquée aux principaux carrefours par des candélabres-horloges, des kiosques de voitures de place et de nombreux cadrans, le tout d'après le système pneumatique. Dès que le jour paraît, en été comme en hiver les douze millions de mètres de terrain pavé en pierre ou en bois que la Ville offre au Paris qui circule reçoivent le coup de balai, de raclette ou de brosse d'une armée de balayeurs composée de quatre mille individus : cantonniers chefs ou sous-chefs, balayeurs en titre ou auxiliaires, sans compter les balayeuses mécaniques. Des voitures munies de clochettes viennent à la première heure vider les boîtes déposées chaque matin sur le bord du trottoir. Le *chiffonnier* les a visitées d'abord pour y prélever son gagne-pain du jour ; ce pauvre « gueux », ancien noctambule qui chantonnait jadis :

Je m'en vais par la nuit sans lune,
La hotte au dos, le croc en main.
Est-ce aujourd'hui que la fortune
Va se trouver sur mon chemin ?

Une balayeuse mécanique.

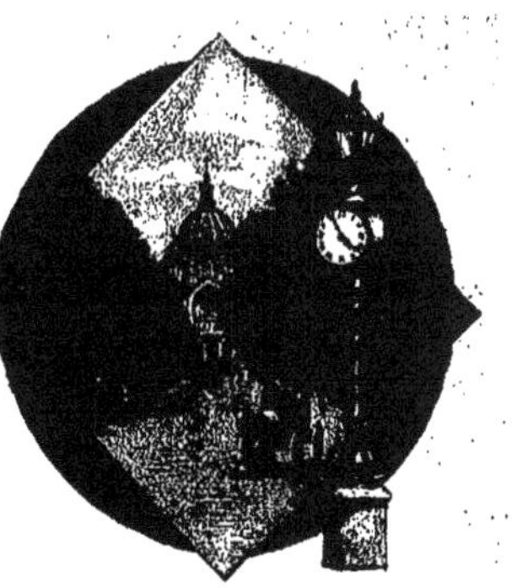

Un candélabre-horloge pneumatique.

Les chiffonniers.

La cloche du Carreau et la soupe du matin
Aux Halles centrales.

n'a plus rien à espérer de la nuit, l'administration n'autorisant les dépôts dans la rue que le matin. Il faut le voir retourner, vers huit heures, à la banlieue où l'a repoussé le Paris central qui s'assainit et s'embellit ; la famille tire péniblement une mauvaise « roulotte », et souvent c'est l'enfant qui paraît le plus vieux de l'attelage ; plus

La porteuse de pain.

Le facteur.

loin, toute une smala est grimpée sur les sacs dans une voiture faite de quatre mauvaises planches, que traîne un cheval d'un rouge étrange, qui a de longs poils aux jambes.

C'est de bonne heure aussi qu'il faut aller au quartier des Halles pour s'y rendre compte de ses arrivages formidables et y voir ses travailleurs à l'œuvre.

De huit heures à neuf heures, c'est le tour de la porteuse de pain et du facteur ; à ce moment, afflue dans le centre la plus grande partie de la population des quartiers excentriques : après les ouvriers, viennent en foule les employés, les demoiselles de magasins et la petite ouvrière qui interrompt, deux minutes seulement, sa marche rapide pour faire son premier déjeuner en plein air, sous une porte cochère, à l'entrée d'une cour où s'abritent les marchands de café au lait ou de chocolat à la crème, à deux ou trois sous le bol, bien chauds ! Elle suit toujours le même chemin et, partie à jeun autant par économie que faute de temps, elle adopte sa *crémerie en plein vent* ou fermée ; elle y avale hâtivement « trois de noir » ou « trois à la crème », où elle trempe le pain qui lui reste du dîner de la veille ; puis, par là-dessus, onze ou douze heures de travail et

Une crémerie en plein air.

voilà sa vie quotidienne. Mais cela ne l'empêche pas d'être fraîche et pimpante, avec beaucoup de l'esprit du gamin de Paris et un peu de la gaieté de la grisette, de céder à l'attrait de la chanson nouvelle que les marchands de romances ambulants répandent dans tous les quartiers.

Le vestibule de la Grande Poste.

PARIS LE SOIR. — Tous les jours, de quatre heures à six heures, le cœur de Paris bat à se rompre : c'est « le coup de feu » formidable de la grande ville. Alors les rues et les boulevards regorgent d'une foule serrée qui se meut fébrilement au milieu d'un brouhaha étourdissant : la journée va finir, c'est pour le commerce l'*heure du courrier*, la dernière minute. Il faut se presser, se multiplier, arriver avant que six heures ne sonnent à la Grande poste.

Les voitures de toutes sortes couvrent littéralement les chaussées, elles ne peuvent plus avancer ; dès qu'une éclaircie d'un mètre à peine s'ouvre dans leur longue file,

A la porte d'un refuge de nuit.

la foule accourt, s'y glisse, au risque d'être broyée sous les chevaux. Puis, Paris s'allume : tout d'un coup les lignes des

Une queue au Théâtre de la Porte-Saint-Martin.

réverbères, comme une étoile filante, fusent en une longue traînée de feux ; sur les chaussées, les yeux rouges, verts, jaunes, des lourds omnibus et des fiacres s'entre-croisent sans relâche ; sur les ponts, les lanternes se prolongent dans la Seine en immenses queues de lumières. C'est l'heure où le malheureux frappe à la porte du *Refuge de nuit,* c'est l'heure où Paris va commencer à « s'amuser », et les lieux de plaisir ne lui manquent pas. Ce sont d'abord les théâtres ; Paris en compte environ quarante, plus que toute autre ville au monde. En première ligne viennent l'OPÉRA et le THÉATRE-FRANÇAIS ; le répertoire du premier est composé des chefs-d'œuvre de la musique dramatique

L'ÉDEN-THÉATRE.

et de l'art chorégraphique : le second est le représentant sans rival du genre classique en même temps que la premère scène de tragédie et de haute comédie ; les principaux sont ensuite : l'OPÉRA-

Les genres en vogue aux cafés-concerts.

COMIQUE, pour les opéras mêlés de dialogues ; l'ODÉON, second théâtre classique ; le GYMNASE et le VAUDEVILLE, où l'on joue les genres les plus divers : la pièce bouffonne ou la pièce sérieuse, mais sans musique ; les VARIÉTÉS, la RENAISSANCE et les FOLIES-DRAMATIQUES, qui alternent entre l'opérette et le vaudeville, le THÉATRE DU

PALAIS-ROYAL, les BOUFFES-PARISIENS et les NOUVEAUTÉS, théâtres joyeux, consacrés à l'opérette-bouffe, à la parodie ou au gros comique ; le THÉATRE DE LA PORTE-SAINT-MARTIN, ouvert aux grands drames et aux grandes féeries ; l'AMBIGU-COMIQUE, où le drame et le mélodrame règnent en maîtres ; la GAITÉ et le CHATELET, qui passent souvent de la féerie à l'opérette à grand spectacle ; puis l'ÉDEN-THÉATRE, consacré aux brillants ballets, aux grandes pantomimes et aux opéras-comiques dont le cadre est élargi pour emplir sa vaste scène ; enfin, les MENUS-PLAISIRS, BEAUMARCHAIS et sur la rive gauche, CLUNY.

Les représentations durent environ quatre heures, commençant vers huit heures pour finir à minuit, avec des entr'actes, de nombre et de durée variables. Un entr'acte est toujours amusant à voir : la marchande d'oranges glapit son éternel cri : « Voyez la valence ! » les marchands de programmes offrent leur marchandise au rabais, les ramasseurs de « mégots » guettent d'un œil d'envie les cigares à peine commencés, etc.

Il y a encore les théâtres de quartiers et les théâtres d'amateurs.

Après le théâtre, il y a le Café-Concert où l'on peut arriver tard, où l'on fume (énormément), où l'on boit (médiocrement) ; mais, en été, le spectacle s'y donne en plein air, et puis la chanson est essentiellement un plaisir français : c'est ce qui explique sa vogue.

Enfin, les cafés-concerts ont leurs succès qui courent les ateliers et les rues. N'y a-t-il pas de quoi « se tordre », dit

Au Cirque.

Le Chat-Noir.

DANS LES COULISSES DE L'OPÉRA.

Gavroche, en entendant *Chose* chanter d'une façon si drôle :

> Titine porte de la flanelle.
> Tant mieux pour elle !
> Et Guguss' Port'-Saint-Denis
> Tant pis pour lui !

Aux Montagnes-Russes.

Sur le boulevard des Italiens, le soir.

Viennent les cirques : l'HIPPODROME, le NOUVEAU-CIRQUE, le CIRQUE D'ÉTÉ et D'HIVER, le CIRQUE FERNANDO ; de nombreux PANORAMAS, des CONCERTS POPULAIRES et de musique classique, des BALS PUBLICS et des spectacles variés tels que les FOLIES-BERGÈRE, le SKATING-CONCERT, les MONTAGNES RUSSES, le PARADIS-LATIN, le joyeux CHAT NOIR, avec ses

La sortie du Théâtre-Français.

par tempérament, courent aux cercles à la mode, aux restaurants de nuit, aux « tartines », et emplissent les sous-sols des brasseries où fument les soupes à l'oignon.

soirées artistiques et dont les ombres chinoises ou japonaises et les intermèdes parlés ou chantés ont le plus grand succès, etc., etc.

Après la sortie des spectacles, les « noctambules », qui aiment la nuit

Une « tartine » à deux heures du matin.

QUELQUES TYPES DES RUES. — *Cris de Paris.* — Toute la journée, mais principalement le matin, les rues retentissent de mille cris divers. Écoutons-en quelques-uns. Un vitrier approche en criant d'une voix perçante qui va CRESCENDO : *Ha! vitri...! ha! vitri...! ha! vitrier!* Une femme

Le marchand d'huîtres.

À la barque, à la barque, à la barque
Mangez des *huîtres !*
Douze sous la douzaine

Le marchand de pommes de terre.

Pommes de terre au *bisseau !*
La Hollande au *bisseau !*
V'la d'la Hollande pas cher !

Le rempailleur de chaises.

Rempailleur, canneleur de *chèses !*
Avez-vous des *chèses* à rempailler,
V'là le rempailleur !

portant une hotte : *V'la du beau cresson d' fontaine, la santé du corps! A deux sous la botte, à deux sous!* Un homme, des grands joncs sur l'épaule et plusieurs paniers au bras : *Avez-vous des paniers... à faire raccommoder... v'là le rac...commodeur de paniers!* Tout à coup

Le fontainier.

Jouant l'air : En revenant de la R'vue
V''la le poseur de robinets !

La marchande de poisson.

A la crevette, la belle crevette !
Limande à frire, à frire !

Le marchand de mouron.

Du mouron pour vos petits oiseaux!
En v'là du vert, en v'là du beau !

Le marchand d'habits.

.....bits ! .....bits ! Chapeaux à vendre !
Des bottes et des *souliers*, à vendre !

éclate : *Harengs qui glacent, qui glacent, harengs nouveaux! Merlan à frire, à frire! — Ah! qu'il est beau, l' maquereau! Il arrive!* C'est la marchande de poisson qui varie ses cris avec le poisson qu'elle a à vendre. Roulant une voiture, un marchand de pommes chante : *Cinq sous la livre, la reinette ! cinq sous la livre ! Deux sous l' canada ! deux sous la livre !* Un autre : *Artichauts !... des gros artichauts ! La tendresse ! la verduresse !... A deux sous, verts et tendres, à deux sous !* Puis, à la fois : *A l'anguille, à l'anguille ! A la moule, à la moule ! La moule est fraîche ! La*

moule est bonne ! Quatre sous l' litre ! — *Poulets ! poulets ! Mesdames les ménagères, je n' les rends pas trop chers ! — Chasselas de Fontainebleau ! — V'là le marchand d' tripes ! Tripes à la mode de Caen ! Allons les Ménagères ! la tripe n'est pas chère !*

Descendez vos plats, vos assiettes, votre argent !
V'là le marchand de tripes à la mode de Caen !

Une voix sourde : *Tonneaux ! A-e-ou des tonneaux à vendre !*

Et, troublant ce concert qui a bien son harmonie, le camelot arrive à son tour criant à tue-tête : *Demandez l'arrêté de M. le Préfet de police qui interdit de crier sur la voie publique !* Ou : *Demandez le cri de ma belle-mère !* Un autre, au milieu d'un groupe qui grossit d'instant en instant, vend « dans une jolie petite boîte » la montre, la chaîne et les breloques, « le tout à *cinquante* centimes, dix sous pour les finir » ! Les gardiens de la paix veillent à ce que ces rassemblements ne gênent pas la circulation et, selon notre nouveau chansonnier Jules Jouy :

> Le trottoir sonne sous leurs pas :
> Graves, ils vont, dans leurs capotes.
> Pour qu'on ne les entende pas,
> On leur a flanqué des bottes.

Avant qu'ils aient pénétré dans le cercle de ses opérations, le camelot s'est envolé, a disparu prestement :

> Comme la poudre ou la paille légère
> Que le vent chasse devant lui.

Et cent pas plus loin il recommence, traçant sur l'asphalte, à l'ébahissement d'une nouvelle foule, l'emblème de son négoce en plein vent : trois poissons entrelacés, fondation de sa maison de vente à grands rabais.

Des groupes de chanteurs et de musiciens entrent dans les cours des maisons où cela est toléré et charment de leurs accords les bonnes du voisinage et les petits locataires des appartements qui ne « donnent » pas sur la rue.

Un égoutier.

LES DESSOUS DE PARIS. — Un autre type de la rue, c'est l'égoutier chaussé de ses larges bottes de chevalier du moyen âge et qui ouvre les bouches d'égouts pour nettoyer les ruisseaux intérieurs les plus voisins. Le réseau de ces souterrains compte une longueur totale de 250 lieues ! C'est une

Les

Muets de Paris.

curiosité à visiter, au moins sur un des parcours les plus accessibles, par exemple de la place du Châtelet à la Madeleine. On
en obtient très facilement par écrit l'autorisation du Préfet de
la Seine. Les Catacombes, anciennes carrières de la rive gauche,
sont plus difficilement visibles, mais elles n'offrent, à vrai dire,
que peu d'intérêt.

PARIS EN FÊTE. — Il y a beaucoup de fêtes à Paris, plus ou
moins solennelles : les soirs de première représentation dans un
grand théâtre, le jour du vernissage du Salon annuel des Champs-
Élysées, les foires de charité, les concerts et les soirées dansantes
prennent à peu près l'automne, l'hiver et le printemps jusqu'au
Grand Prix, couru sur la piste de Longchamps, qui donne la date
du départ pour la mer ou la campagne ; mais tout le monde, faute
de loisirs ou d'argent, n'y participe pas. Même, les grandes foires
parisiennes, celles de la place de la Nation, ou celle de Neuilly
fréquentée par le public élégant, sont des plaisirs réservés seulement à une partie de la population parisienne. Paris *tout entier*
en fête, c'est le 1ᵉʳ *Janvier*, la *Mi-Carême* et le 14 *Juillet,* jour de
la Fête nationale. Le « Premier de l'An », un certain nombre de
boulevards et de places se garnissent de petites baraques où s'in-
stallent des marchands de l' « article de Paris », du « nouveau
jouet de l'année », des imprimeries de cartes de visite à la minute
et à 1 fr. 50 le cent, et cela depuis la veille de Noël jusqu'au

Paris qui chante.

Le Premier de l'An sur les boulevards.

8 janvier environ. A la Mi-Carême, des cavalcades organisées par diverses sociétés et de nombreuses voitures de « blanchisseuses », dont c'est la fête, se promènent toute l'après-midi dans Paris; le soir, les bals costumés de l'Opéra et des diverses salles de danse répandent sur les principales voies des *masques* de tous genres et de toutes couleurs, et, pour les voir passer la foule pressée s'écoule lentement, débordant sur la chaussée dans une rumeur bourdonnante entrecoupée par la voix glapissante des petits industriels d'occasion et par les sons du cor ou du cornet à bouquin.

Les Fêtes du 14 juillet, qui attirent dans la capitale un grand nombre d'étrangers et de nos provinciaux venus par *trains de plaisir*, dépassent de beaucoup ces deux premières par l'éclat, le nombre et la variété des distractions de toutes sortes. Les revues militaires, les représentations gratuites à l'Opéra, à la Comédie-Française et dans les autres principales salles de spectacle, la décoration et le pavoisement des monuments publics, des places, des avenues, des ponts; leurs illuminations avec des appareils, des lustres, des guirlandes, des ballons de toutes couleurs ; enfin les nombreux feux d'artifice suivis de bals, de fêtes foraines qu'organise chaque quartier font de cette journée une manifestation de gaieté sans pareille.

LE JOUR DE LA MI-CARÊME.

Avenue des Champs-Élysées. — Trocadéro et place de la Concorde. — Le Louvre et la Seine.

LES ILLUMINATIONS DU 14 JUILLET, JOUR DE LA FÊTE NATIONALE.

PARIS EN FÊTE.

Arc de Triomphe de l'Étoile. — Place de la Concorde. — Panthéon.

LE JOUR DES FUNÉRAILLES DE VICTOR HUGO.

PARIS EN DEUIL.

Paris en deuil. — D'autres jours, Paris est en grand deuil ; ses monuments se couvrent d'un crêpe immense, ses lumières s'éteignent sous un voile noir, un million d'hommes portant des milliers de couronnes suit un corbillard qu'un autre million d'assistants salue avec recueillement. Ce sont les funérailles incomparables de grandeur que Paris offre à un de ses morts illustres.

Paris qui manifeste. — Il y a enfin quelquefois, en temps d'élection, des mouvements de foules dont

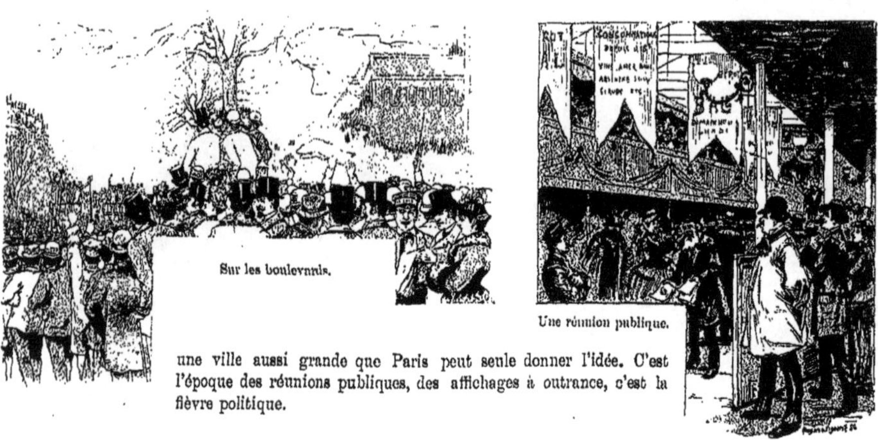

Sur les boulevards.

Une réunion publique.

une ville aussi grande que Paris peut seule donner l'idée. C'est l'époque des réunions publiques, des affichages à outrance, c'est la fièvre politique.

Paris l'hiver.— La neige tombe, les passants « convertis en pierrots », les mains dans les poches, battent, de leurs pieds devenus lourds, l'asphalte blanchi ; le bruit des pas s'éteint. Les dômes de Paris ressemblent à d'immenses bonnets de coton ; les fontaines et les statues sont étranges ou splendides.

Les chimères, dit le fin Parisien Alfred Delvau, soufflent un jet fumant dans un clairon d'argent poli ; à la pierre d'un bassin s'accroche un devant d'autel de nacre. Les nymphes ont un tablier écru.

Chauds les marrons ! crie « l'hirondelle d'hiver » à la porte des marchands de vin, où grillent les châtaignes.

Les théâtres, pendant toute la dure saison, s'emplissent de spectateurs ; les soirées dansantes et musicales se multiplient ; le club des patineurs réunit au Bois les heureux pour qui l'hiver n'a point trop de rigueurs ; le malheureux grelotte

Arrivée à Paris par un temps de neige (Gare Montparnasse).

LE
MARCHAND
DE MARRONS
ET LA
MARCHANDE
D'HUITRES.

sous ses vêtements trop
légers.

Froid aux justices inégales,
Froid de neige, dur aux cigales [1].

Puis vient le dégel,
avec ses lacs de boue, son
pavé glissant, mortel aux
chevaux ; « Paris figé » est
devenu « Paris crotté ».
La grande ville lutte de
son mieux par ses plaisirs
d'hiver contre la tristesse
des journées sombres, des
ciels gris et des jours trop
courts ; mais le soleil, et
tout ce qu'il ramène avec
lui de gaieté et de lu-
mière, est anxieusement
attendu.

(1) Jules Jouy, *Chansons
d'hiver.*

Le Parc Monceau sous la neige.
(La Naumachie.)

Paris l'été. — Les beaux jours, enfin, sont revenus, les jardins s'emplissent des promeneurs qui viennent y chercher l'ombre et la fraîcheur sous les marronniers fleuris, y respirer les délicieuses senteurs qu'exhalent les chèvrefeuilles et les rosiers. Alors aux Champs-Élysées, aux Tuileries, au Jardin du Luxembourg la voiture aux chèvres est sans cesse chargée de voyageurs. Quel aimable spectacle que ces bouquets d'enfants blonds et roses traînés dans une jolie petite victoria de lilliputiens par deux coursiers cornus et barbus, aux longs poils d'une blancheur immaculée. Quelle joie dans l'équipage ! Conduire la voiture aux chèvres, c'est un titre de gloire que l'on paie, il est vrai, quatre sous de plus, mais qui les vaut bien.

Tous les Marchés

aux fleurs sont d'une richesse inouïe ; celui de la Cité déborde jusque sur les ponts voisins qui, dès le soir, se couvrent des carrés de plantes de toutes sortes que les horticulteurs, venus de la banlieue, y apportent pour la fête

Une fontaine Wallace.

LE MARCHÉ AUX FLEURS DE LA CITÉ.

La dînette à la Ceinture.

patronale du lendemain. Paris est toujours fleuri : pendant l'hiver, les nombreuses boutiques des marchandes de fleurs sont converties en serres odorantes ; mais, en été, c'est par voiturées de violettes, de lilas, de roses, etc., que l'on en rencontre dans toutes les rues de la ville.

Tous les soirs, les terrasses des cafés occupent presque tout le large trottoir, invitant les passants à grossir le nombre des consommateurs.

Puis vient le dimanche : les bois ombreux, les prairies verdoyantes, et peuplent des familles de Parisiens qui vont faire la dînette sur l'herbe ou remplissent les restaurants et les guinguettes des délicieux environs de Paris. Les trains, bondés de voyageurs à l'intérieur, à l'impériale et jusque sur les marchepieds, ramènent dans la grande ville, le soir, les heureux Parisiens qui ont fait pour huit jours ample provision de bon air et de bouquets des champs.

INDEX ALPHABÉTIQUE ET RENSEIGNEMENTS PRATIQUES

Abattoirs, 28, 126.

Académie, 114.

Arc de triomphe de l'Étoile, 27, 37, 40, 44, 72, 77, 161.

Arc de triomphe du Carrousel, 27, 76, 84, 132, 134.

Archives nationales (10 h. à 3 h.), 91.

Auteuil, 65, 71, 121.

Avenue de l'Opéra, 128.

Bal Bullier, 103.

Bals publics, 150.

Banque de France, 79.

Bateaux-omnibus et autres, 49.

 0,10 c. la semaine; 0,20 c. les dimanches et fêtes pour tout le parcours.

Batignolles, 117.

Belleville, 45, 60, 126.

Bercy, 65, 123, 138.

Bibliothèque nationale (10 h. à 6 h.), 21, 52.

Bibliothèque de l'Arsenal, 61.

Bibliothèque Sainte-Geneviève (10 h. à 3 h. et 6 h. à 10 h.) 106.

Bièvre, 100, 122.

Bois de Boulogne, 120, 163.

Bois de Vincennes, 123.

Boulevards (grands), 50 à 61.

Boulevard du Palais, 67.

Boulevard Haussmann, 29, 30.

Boulevard Malesherbes, 28.

Boulevard Saint-Germain, 8, 62.

Boulevard Saint-Michel, 8, 63, 67, 103, 106, 109, 111.

Boulevard Sébastopol 67, 87.

Bourse (la), 28, 52.

Bourse du Commerce, 33, 138.

Butte des Moulins (ancienne), 128.

Buttes-Chaumont, 125.

Cabinets inodores.

 Chalets sur la plupart des boulevards et places : 0,05 c.; 0,10 c. avec toilette.

Cafés-concerts, 58, 147.

Canal de l'Ourcq, 69.

Canal Saint-Denis, 69.

Canal Saint-Martin, 69, 126.

Carré de Marigny, 75.

Catacombes, 157.

Cercle de la Librairie, 63.

Chambre des députés, 28, 61, 64, 115.

Champ de Mars, 70, 71, 74, 94, 116, 122.

Champs-Élysées (les) 24, 44, 64, 70, 72, 160, 166.

Charonne, 124.

Chemin de fer du Champ de Mars, dit des Moulineaux, (départ toutes les heures), 71.

Chemin de fer de ceinture, 49, 70, 117.
Chemins de fer, 7. (Est, 58, 88, 126. — Ouest, 127 (Saint-Lazare, 13, 117; Montparnasse, 63, 163). — Paris-Lyon-Méditerranée, 123. — Orléans, 62, 94, 122, 132. — Nord, 58, 126.
Chemin de fer de Sceaux, 102, 122.
Chemin de fer de Vincennes, 60.
Cimetière de Montmartre, 127.
Cimetière du Père-Lachaise, 124.
Cirques, 60, 75, 148, 150.
Clignancourt, 126.
Cluny (hôtel et musée de) (11 h. à 4 h.), 9.
Collège de France, 62, 109.
Colonnade du Louvre, 19, 81, 84.
Colonne de Juillet, 28, 42, 60.
Colonne Vendôme, 27, 28, 52, 77.
Comédie-Française. (V. Théâtre-Français.)
Comptoir national d'Escompte, 58.
Conciergerie (10 h. à 4 h.), 18.
Conseil d'État (Palais du), 80.
Conservatoire de musique et de déclamation, (10 à 4 h.), 58.
Conservatoire des Arts et Métiers (10 h. à 3 h.), 59, 88.
Courcelles, 74.
Cour de cassation, 18.
Cour du Carrousel, 70, 76.
Cour du Louvre, 82.
Courses de Longchamps, 157.
Crédit foncier de France, 52.
Crédit lyonnais, 52.

Direction des Beaux-Arts, 79.
École centrale des Arts et Manufactures, 33.
École de Droit, 24, 104, 106.
École de Médecine, 24, 33, 63, 110, 112
École de Médecine militaire, 103.
École de Pharmacie, 33, 107.
École des Beaux-Arts (10 h. à 4 h.), 112.
École des Chartes, 91.
École des Mines (11 h. à 3 h.), 104, 107.
École des Ponts et Chaussées, 116.
École militaire, 24.
École nationale des Arts décoratifs, 110.
École Normale supérieure, 106.
École Polytechnique, 110.
Eden-Théâtre, 146.
Église de la Madeleine, 24, 50, 64, 115.
Église de la Sorbonne, 20, 33, 38, 109.
Église de la Trinité, 29, 40, 52.
Église de l'Oratoire (culte réformé), 21.
Église du Sacré-Cœur, 33, 41, 126.
Église du Val-de-Grâce, 21, 38, 102.
Église Notre-Dame (trésor : midi à 4 h.,) 11, 37, 42, 44, 62, 66.
Église Notre-Dame-de-Lorette, 28, 52.
Église Notre Dame-des-Champs, 38.
Église Saint-Ambroise, 29, 42.
Église Saint-Augustin, 28, 40.
Église de la Sainte-Chapelle (midi à 4 h.), 14, 16, 40, 63.
Église Sainte-Clotilde, 24, 29, 40.

Église Saint-Étienne-du-Mont, 18, 42, 104, 106, 110.
Église Saint-Eustache, 18, 35, 40.
Église Saint-François-Xavier, 40.
Église Saint-Germain-des-Prés, 11, 40.
Église Saint-Germain-l'Auxerrois, 18, 38, 84.
Église Saint-Gervais et Saint-Protais, 18, 37, 41, 62, 90.
Église Saint-Jean-Baptiste, 29.
Église Saint-Julien-le-Pauvre, 15.
Église Saint-Laurent, 58.
Église Saint-Leu-Saint-Gilles, 88.
Église Saint-Louis-des-Invalides, 24.
Église Saint-Louis-en-l'Ile, 22.
Église Saint-Médard, 100.
Église Saint-Merri, 89.
Église Saint-Nicolas-des-Champs, 59.
Église Saint-Nicolas-du-Chardonnet, 62.
Église Saint-Paul-Saint-Louis, 21, 41, 62.
Église Saint-Philippe-du-Roule, 24.
Église Saint-Pierre de Montmartre, 126.
Église Saint-Pierre de Montrouge, 38, 100.
Église Saint-Séverin, 18, 38, 110.
Église Saint-Sulpice, 22, 40.
Église Saint-Thomas-d'Aquin, 63.
Église Saint-Vincent-de-Paul, 28, 41.
Égouts, 155.
Élysée (palais de l'), 25, 75.
Entrepôt des vins, 28, 62, 138.
Esplanade des Invalides, 22, 24, 64, 70, 116

Fiacres (V. voitures de place), 47.
Fontaine Carpeaux, 106.
Fontaine de Médicis, 107.
Fontaine du Château-d'Eau, 129.
Fontaine Louvois, 28.
Fontaine Molière, 28.
Fontaine Saint-Michel, 159.
Fontaine Saint-Sulpice, 28.
Fontaines Wallace, 139, 166.
Garde-meuble (le), 116.
   De 10 h. à 4 h. les dimanches et les jeudis.
Gare (Quartier de la) 122.
Gares de Paris, 7.
Glacière (la), 122.
Gobelins (manufacture des), 100.
   Mercredis et samedis, de 1 h. à 4 heures.
Grenelle, 70, 122.
Guignol, 73.
Halle au blé, 138.
Halle aux vins, 28, 62, 138.
Halles centrales, 30, 54, 60, 88, 136, 143.
Hippodrome, 74.
Hôpital du Val-de-Grâce, 21, 38, 102.
Hospice de la Salpêtrière, 42, 62, 96.
Hôtel de Ville, 20, 33, 41, 60, 62, 67, 89, 131.
Hôtel de Ville (ancien), 130.
Hôtel des ventes mobilières, 52.
Hôtel-Dieu, 12, 33, 132.

Hôtel-Dieu (ancien), 133.
Hôtels historiques, 91.
Ile de la Cité, 37, 42, 64, 68, 90, 132.
Ile des Cygnes, 70.
Ile Saint-Louis, 21, 42, 62, 65, 67.
Imprimerie nationale, 91.
Institut (palais de l'), 22, 38, 63, 69, 114.
Institution des Jeunes aveugles, 116.
Invalides (hôtel des), (midi à 3 h.) 22, 40, 44.
Jardin de Cluny, 9.
Jardin de l'Infante, 82.
Jardin des Plantes, 33, 38, 62, 94
    Ménagerie : 1 h. à 4 heures.
Jardin des Tuileries, 24, 51, 64, 70, 76, 84, 166.
Jardin du Luxembourg, 63, 100, 104, 106, 166.
Jardin du Palais-Royal, 81.
Jardin zoologique d'acclimatation, 119.
Légion d'honneur (la) 64, 115.
Lion de Belfort, 100.
Louvre (palais et Musées du), 17, 40, 52, 62, 64, 69, 80,
    83, 160.
Luxembourg (Palais du), 21, 63, 107.
Luxembourg (Petit-), 108.
Magasins du Bon Marché, 116.
Magasins du Louvre, 80.
Marais (quartier du), 38, 88, 90.
Marché aux fleurs de la Cité, 167.
Marché du Temple, 59.

Marché aux bestiaux, 126.
Ménilmontant, 60, 125.
Ministères, (Affaires étrangères, 64. — Agriculture, 116. —
    Commerce, Industrie et Colonies, 116. — Finances, 80.
    — Guerre, 116. — Instruction publique, 116. — Inté-
    rieur, 75. — Justice, 52. — Marine, 24, 76. — Travaux
    publics, 116.
Monceau (parc) 74, 165.
Monnaie (musée monétaire. *Écrire au Directeur*), 24, 114.
Montagnes Russes 150.
Mont-de-Piété, 140.
Montmartre, 33, 41, 52, 117, 126.
Montrouge (Petit-), 122.
Montsouris (parc de), 102, 122.
Morgue (la) 42, 66.
Moulin de la Galette, 41, 117, 126.
Muette (la), 74, 121.
Musée d'Artillerie, (aux Invalides), 23.
    Ouvert les dimanches, mardis et jeudis.

Musée des Arts décoratifs, 76.
    Ouvert de 10 h. à 5 heures.

Musée du Luxembourg, (9 h. à 5 h.), 107.
Musée du Trocadéro, 33.
Musée Dupuytren, 110.
Musée Galliera (objets d'art), 6, avenue du Trocadéro.
Musée Guimet (civilisations et religions orientales), place
    d'Iéna.

Musée des œuvres d'art de la Ville, 9, rue La Fontaine, à Auteuil.
Musée typographique (imprimerie nationale), 87, rue Vieille-du-Temple.
Musée Carnavalet (historique de la Ville) (11 h. à 4 h.), 20, 90.
Musée minéralogique et géologique de l'École des Mines, 104, 107.
Musée de Cluny et des Thermes, 9, 63.
Musées du Louvre (9 h. à 5 h.), 84.
Museum d'Histoire naturelle, 94.
Obélisque de Louqsor, 25, 28, 75.
Observatoire, (musée d'astronomie. *Écrire au Directeur*), 22, 63, 101, 107.
Omnibus et Tramways (de 7 h. ou 7 h. 1/2 à minuit ou minuit 20, suivant les lignes), 45.
Oratoire (temple de l'), 21.
Palais de Justice, 16, 44, 62, 167.
Palais de la Légion d'honneur, 64, 115.
Palais de l'Élysée, 25, 75.
Palais de l'Industrie, 29, 40, 64, 72, 76,.
Palais de l'Institut, 22, 38, 63, 69, 114.
Palais des Thermes (11 à 4 h.), 8, 9.
Palais du Président de la Chambre des Députés, 64.
Palais du Sénat ou du Luxembourg, 21, 63, 107.
Palais-Royal, 22, 38, 52, 79.
Panthéon (le), (10 h. à 4 h.) (cryptes visibles de midi à 4 h.), 24, 37, 42, 62, 104, 161.

Parc Monceau, 74, 165.
Parc Montsouris, 102, 122.
Parterres des Tuileries, 132.
Passy, 70, 74, 121.
Père-Lachaise (cimetière du), 124.
Place de Clichy ou Moncey, 118.
Place de la Bastille, 38, 50, 58, 61, 91.
Place de la Bourse, 53.
Place de la Concorde, 25, 64, 72, 76.
Place de la Nation, 92, 123, 160.
Place de la République, 45, 59, 129, 132.
Place de l'Étoile, 74.
Place de l'Hôtel-de-Ville, 131.
Place de l'Observatoire, 102, 106.
Place de l'Opéra 52.
Place Denfert-Rochereau, 102.
Place des Vosges, 20.
Place du Carrousel, 83.
Place du Château-d'Eau (ancienne), 129.
Place du Châtelet, 86, 88, 157.
Place du Louvre, 84.
Place du palais-Royal, 80.
Place du Panthéon, 104.
Place du Parvis-Notre-Dame, 12.
Place du Théâtre-Français, 79.
Place Louvois, 28.
Place Malesherbes, 117.
Place Maubert, 62, 110, 132, 135.

Place Saint-Germain-des-Prés, 63.
Place Saint-Michel, 159.
Place Saint-Sulpice, 63, 108.
Place Vendôme, 22, 27, 52.
Plaisance, 122.
Plan de Paris, 4.
Point-du-Jour, 71, 121.
Ponts, 65 à 71.
Population, 35.
Porte-Saint-Denis, 22, 38, 55, 58.
Porte-Saint-Martin, 22, 55, 58.
Postes et Télégraphes 33, 116, 144.
  Postes : Bureaux de quartiers ouverts de 7 h. à 8 h. ou 9 h.;
  Il se fait huit distributions de lettres par jour, de 7 h. 30
  du matin à 9 h. du soir. Les dernières levées pour la pro-
  vince et l'étranger se font à 5 h. 30 du soir; exceptionnelle-
  ment à 6 h. :à la Grande Poste et à la Place de la Bourse.
  Affranchissement : France, 0,15 c.; Union postale, 0,25 c.
Préfecture de police, 18.
Puits artésien de Grenelle, 116.
Revue des Deux Mondes, 116.
Salon des Champs-Elysées, 76.
  Du 1er mai au 20 juin : De 8 h. à 6 h. : 2 fr. jusqu'à midi ;
  1 fr. l'après-midi. Le lundi, fermé jusqu'à midi. Entrée gra-
  tuite le dimanche, l'après-midi.
Salon du Champ de Mars (du 15 mai au 30 juin).
Salpêtrière (hospice de la) 42, 62,96.
Sénat (palais du), 21, 63, 107.
Sorbonne (la), 20, 33, 38, 109.

Spectacles, 145 à 151.
Statues, 33.
Statue d'Alexandre Dumas, 117.
Statue de Béranger, square du Marché-du-Temple.
Statue de Charlemagne, 132.
Statue de Diderot, boulevard Saint-Germain, en face de
  la rue Saint-Benoît.
Statue de Gambetta, 84.
Statue d'Étienne Marcel, 90.
Statue d'Étienne Dolet, 62.
Statue de Henri IV, sur le Pont-Neuf.
Statue de Jeanne d'Arc, 79.
Statue de Jean-Jacques Rousseau, 106.
Statue de la République, 59, 129
Statue de Louis XIII, place des Vosges.
Statue de Louis XIV, place des Victoires.
Statue du maréchal Moncey, 118.
Statue du maréchal Ney, 103.
Tabacs (manufacture des). *Écrire au Directeur*, 116, 176.
Télégraphes, 33, 116, 144, 172.
  A la Direction, 101, rue de Grenelle et à la Bourse, les
  bureaux sont ouverts toute la nuit. Dans les bureaux de quar-
  tiers, de 7 h. du matin à 9 h. du soir. Quelques-uns ne
  ferment qu'à 11 h. Cartes-télégrammes pour Paris : ou-
  vertes, 0,30 c.; fermées, 0,50.
Téléphone, 176.
  Cabines téléphoniques dans les bureaux de Postes. Pour
  cinq minutes de conversation : 0,50 à l'intérieur de Paris;
  entre Paris et la France, 1 fr.; de Paris à Bruxelles, 3 fr.

Théâtres, 145.
Ternes (les) 74, 118.
Théâtre de Cluny, 62.
Théâtre Déjazet, 60.
Théâtre de la Gaîté, 30, 59, 88.
Théâtre de l'Ambigu, 59.
Théâtre de l'Éden, 146.
Théâtre de la Porte-Saint-Martin, 59, 145.
Théâtre de la Renaissance, 59.
Théâtre de l'Odéon, 25, 63.
Théâtre de l'Opéra, 29, 40, 129, 145, 149.
Théâtre de l'Opéra-Comique, 30, 62, 86.
Théâtre des Bouffes-Parisiens, 52.
Théâtre des Folies-Dramatiques, 59.
Théâtre des Nations, 30.
Théâtre des Nouveautés, 52.
Théâtre des Variétés, 54.
Théâtre du Châtelet, 30, 62, 86.
Théâtre du Gymnase-Dramatique, 55, 58.
Théâtre du Palais-Royal, 79.
Théâtre du Vaudeville, 30, 52.
Théâtre-Français, 25, 52, 79, 129, 145, 151.

Tombeau de Napoléon Ier aux Invalides (midi à 3 h.), 23.
Tour Clovis, 62.
Tour Eiffel, 1, 37, 40, 64, 71.
  Ascension, de 11 h. du matin à 10 h. du soir. En semaine, 4 fr.; le dimanche, 2 fr.
Tour Saint-Gervais, 39, 43.
Tour Saint-Jacques, 20, 37, 41, 88.
Tribunal de Commerce, 17, 30, 58, 62, 167.
Trocadéro (parc et palais du), 33, 40, 64, 70, 74, 121, 160.
Tuileries (ancien palais des), 132, 134.
Val-de-Grâce, 21, 38, 102.
Vanne (réservoir de la), 123.
Vaugirard, 122.
Viaduc d'Auteuil, 70, 121, 168.
Villette (la), 59, 126.
Voitures de place ou autres, 6.
  Été, de 6 h. du matin, hiver, de 7 h. du matin, à minuit et demi : à 2 places, 1 fr. 50 la course, l'heure 2 fr.; à 4 places, 2 fr. la course, 2 fr. 50 l'heure. La *nuit* : à 2 places, la course, 2 fr. 25, l'heure 2 fr. 50; à 4 places, la course 2 fr. 50, l'heure 2 fr. 75. Un colis 25 c., 2 colis 50 c., 3 colis et au-dessus, 75 c. Demander toujours le numéro de la voiture au cocher en montant et lui dire tout de suite si on le prend à l'heure.

Un tramway quand il fait chaud.

TABLE DES MATIÈRES

Un petit châlet des boulevards.

L'Imprimerie-Librairie de la Maison Quantin . . . . *Frontispice.*

Plan de Paris 4

L'Arrivée 5

Paris vivant à travers les siècles 8

Paris vu de ses sommets et de ses toits. 34

A travers Paris 45

   Moyens de locomotion 45

   De la Madeleine a la Bastille, par les grands Boulevards 50

   De la Bastille a la Chambre des Députés, par la rive gauche . . . 61

   De Bercy a Auteuil, par la Seine . . 65

   Des Champs-Élysées a Vincennes. — Excursion sur la rive droite de la Seine 72

   Promenades en zigzag sur la rive gauche 94

Autour de Paris, par le Chemin de fer de ceinture 117

Panorama rétrospectif et comparatif . . . 128

La vie de Paris et la vie à Paris 136

   Paris qui mange 137

   Paris qui boit 138

   Paris qui jeune 139

   Heures parisiennes 141

   Paris le matin 141

   Paris le soir 144

   Types des rues et cris de Paris . . . 152

   Paris en fête 157

   Paris en deuil 161

   Paris qui manifeste 162

   Paris l'hiver 163

   Paris l'été 166

Index alphabétique et Renseignements pratiques 189

Paris. — Maison Quantin, 7, rue Saint-Benoît.

CHEMINS DE FER DE PARIS-LYON-MÉDITERRANÉE

Voyages circulaires à itinéraires fixes

Il est délivré, pendant toute l'année, à la gare de Paris-Lyon, ainsi que dans les principales gares situées sur les itinéraires, des *billets de voyages circulaires à itinéraires fixes*, extrêmement variés, permettant de visiter, *en 1re ou 2e classe*, à des *prix très réduits*, les contrées les plus intéressantes de la France (notamment) l'**Auvergne**, le **Dauphiné**, la **Savoie**, la **Provence**, les **Pyrénées**, etc.), ainsi que l'**Algérie**, la **Tunisie**, l'**Espagne**, le **Portugal**, l'**Italie** et la **Suisse**.

Voyages circulaires à itinéraires facultatifs

(Billets individuels et collectifs)

Il est délivré, *pendant toute l'année*, dans toutes les gares du réseau P.-L.-M., des *billets individuels et de famille*, à prix *très réduits*, pour effectuer sur ce réseau des *voyages circulaires*, à itinéraires établis par les *voyageurs* eux-mêmes, avec parcours totaux d'au moins 800 kil. Ces billets, qui donnent à leur porteur le droit de s'arrêter dans toutes les gares de l'itinéraire, sont valables pendant *30, 45* ou *60* jours, suivant l'importance du parcours. Les *réductions* de prix varient entre *20* et *50 0/0*.

Les demandes de billets doivent être faites 5 jours au moins à l'avance et être accompagnées d'une consignation de 10 fr. par billet demandé.

Billets d'Aller et Retour

DE PARIS A BERNE
ET A INTERLAKEN

Viâ Dijon-Pontarlier-Les Verrières-Neufchâtel ou réciproquement.

PRIX DES BILLETS :
de PARIS à

BERNE	INTERLAKEN
1re cl. **110** fr. **30**	1re cl. **121** fr. **95**
2e cl. **82** fr. **30**	2e cl. **91** fr. **85**

Valables **60** jours.

Billets délivrés du 15 avril au 15 octobre.

DE PARIS A ÉVIAN

SANS RÉCIPROCITÉ

Viâ **Mâcon-Culoz**. — Validité : **40** jours
1re classe, **135** fr.; 2e classe, **100** fr.

Délivrés du 1er juin au 15 septembre.

DE PARIS A TURIN
ET A MILAN

Viâ **Mont-Cenis** ou réciproquement.
Valables **30** jours. — Arrêts facultatifs.

POUR TURIN	POUR MILAN
1re classe. **160** fr.	1re classe. **172** fr.
2e — **115** »	2e — **125** »

Billets d'Aller et Retour de Bains de mer

(Billets individuels et collectifs)

Il est délivré, *du 1er Juin au 15 Septembre* de chaque année, des billets d'aller et retour de bains de mer, de 1re, 2e et 3e classes, à prix réduits pour les stations balnéaires suivantes :
Aigues-Mortes, Antibes, Beaulieu, Cannes, Hyères, La Ciotat, Menton, Monte-Carlo, Montpellier, Nice, Saint-Raphaël, Toulon et Villefranche-sur-Mer.

Ces billets sont émis dans toutes les gares du réseau P.-L.-M. et doivent comporter un parcours minimum de 800 kilom., aller et retour.

PRIX. — Le prix des billets est calculé d'après la distance afférente au **parcours réellement** effectué et d'après un barème comportant des *réductions* de *22* à *37 0/0*. Pour les billets collectifs, la réduction peut atteindre 50 0/0.

Validité **33** jours. — Arrêts facultatifs.

CARTES D'ABONNEMENT

De 1re, 2e et 3e classe. — Pour 3 mois, 6 mois ou un an.

Délivrés les 1er et 15 de chaque mois.

VOITURES DE LUXE

(Coupés, coupés-lits, fauteuils, lits-salons)

Observation importante. — Les renseignements les plus complets sur les Voyages circulaires (conditions, prix, cartes, itinéraires) ainsi que sur les Cartes d'abonnements, Billets directs et d'aller et retour, Relations internationales, etc., sont renfermés dans un *Livret spécial* édité par la Compagnie P.-L.-M. et mis en vente dans les principales gares de son réseau et dans ses bureaux de ville au prix de 30 centimes.

CHEMINS DE FER DU NORD

VOYAGES CIRCULAIRES

A PRIX RÉDUITS

Billets valables pour un mois, délivrés du 1er Mai au 30 Septembre

AVEC FACILITÉ DE S'ARRÊTER AUX PRINCIPAUX POINTS DU PARCOURS, SOIT EN FRANCE, SOIT A L'ÉTRANGER

VOYAGE en BELGIQUE et dans le NORD de la FRANCE

Première classe : **91 fr. 15.** — Douxième classe : **68 fr. 55.**

On délivre des billets pour ce voyage :

A **Paris**, à la gare du Nord; et dans les Départements, aux gares de Lille d'Amiens, Rouen, Douai et Saint-Quentin.

BORDS DE LA MEUSE

Première classe : **74 fr. 90.** — Douxième classe : **56 fr. 40**

On délivre des billets pour ce voyage :

A **Paris**, à la gare du Nord; et dans les Départements, aux principales gares du réseau du Nord situées sur l'itinéraire.

VOYAGE en BELGIQUE et en HOLLANDE

Première classe : **123 fr. 70.** — Douxième classe : **92 fr. 60**

On délivre des billets pour ce voyage :

A **Paris**, à la gare du Nord; et dans les Départements, aux gares d'Amiens, Rouen, Douai et Saint-Quentin.

Chaque billet donne droit au transport gratuit de 25 kilos de bagages sur tout le parcours (Excepté sur les chemins de fer de l'État belge)

SAISON DES BAINS DE MER

Du 1er juin au 30 septembre

Billets d'aller et retour valables du Vendredi au Mardi

PRIX AU DÉPART DE PARIS

POUR

	1re cl.	2e cl.
Le Tréport	33.20	28.60
Saint-Valery	28 60	25 20
Cayeux	31 90	27 70
Le Crotoy	30 10	26 05
Berck (Verton)	33 »	30 45
Etaples (Le Touquet — Paris-Plage)	33 50	29 35
Boulogne	37 40	32 85
Wimille-Wimereux	38 60	33 65
Ambleteuse, Andresselles, Wissant (Marquise)	40 »	35 »
Calais	44 »	38 35
Gravelines	45 10	39 40
Dunkerque	45 10	39 40

CHEMINS DE FER DE PARIS A ORLÉANS

BAINS DE MER DE L'OCÉAN

BILLETS D'ALLER ET RETOUR réduits de 40 °/° et de 20 °/° suivant la distance
VALABLES PENDANT 33 JOURS

Du 1er Mai au 31 Octobre, il est délivré des Billets Aller et Retour de toutes classes, par toutes les gares du réseau pour les stations balnéaires ci-après :

SAINT-ANDRÉ-DES-EAUX.
PORNICHET.
ESCOUBLAC-LA-BAULE.
LE POULIGUEN.
BATZ.
LE CROISIC.
GUÉRANDE.
VANNES (Port Navalo, St-Gildas-de-Ruiz).
PLOUHARNEL-CARNAC.

SAINT-PIERRE-QUIBERON.
QUIBERON (Belle-Isle-en-Mer).
LORIENT (Port-Louis, Larmor).
QUIMPERLÉ (Pouldu).
CONCARNEAU.
QUIMPER (Benodet, Fouesnant, Beg-Meil).
PONT-L'ABBÉ (Langoz, Loctudy).
DOUARNENEZ.
CHATEAULIN (Pentrey, Crozon-Morgat).

Excursions en AUVERGNE et dans le LIMOUSIN

Permettant de visiter

Le MONT-DORE, LA BOURBOULE, ROYAT, CLERMONT-FERRAND, NÉRIS ET EVAUX

Avec arrêt facultatif à toutes les gares du parcours

Prix des Billets. — 1re classe, 108 fr. ; 2e classe, 81 fr.

ITINÉRAIRE :

Paris, Vierzon, Bourges, Montluçon, Chamblet-Néris (Bains de Néris), Evaux (Bains d'Evaux), Eygurande, Laqueuille (Bains du Mont-Dore et de La Bourboule), Royat (Bains de Royat), Clermont-Ferrand, Largnac, Ussel, Limoges (par Tulle, Brive et Saint-Yrieix, ou par Eymoutiers), Vierzon, Paris ou vice versa.

Ces Billets sont délivrés du 15 Juin au 30 Septembre

EXCURSIONS
en Touraine, aux Châteaux des Bords de la Loire

Et aux Stations balnéaires
De la ligne de ST-NAZAIRE, au CROISIC et à GUÉRANDE

BILLETS DÉLIVRÉS TOUTE L'ANNÉE

1er *ITINÉRAIRE.* — *Durée : 30 Jours*

Prix des Billets : 1re classe, 95 fr. ; 2e classe, 70

Paris — Orléans — Blois — Amboise — Tours — Chenonceaux et retour à Tours — Loches et retour à Tours — Langeais — Saumur — Angers — Nantes — St-Nazaire — Le Croisic — Guérande — Tours et retour à Paris, via *Blois* ou *Vendôme.*

2e *ITINÉRAIRE.* — *Durée : 15 Jours*

Prix des Billets : 1re classe, 60 fr. ; 2e classe, 45 fr.

Paris — Orléans — Blois — Amboise — Tours — Chenonceaux et retour à Tours — Loches et retour à Tours — Langeais et retour à Paris, via *Blois* ou *Vendôme.*

Billets de parcours supplémentaires à Prix réduits.

EXCURSIONS
Aux Stations hivernales et balnéaires des Pyrénées

Des Billets d'*ALLER* et *RETOUR*, avec réduction de 25 °/₀ sur les prix calculés au Tarif général d'après l'itinéraire effectivement suivi, sont délivrés toute l'année, à toutes les Stations du réseau de la Compagnie d'*Orléans,* pour Alet, Arcachon, Argelès-Vieuzac, Ax, Bagnères-de-Bigorre, Bagnères-de-Luchon, Biarritz Capvern, Couiza-Montazels, Dax, Guéthary, Hendaye, Laruns-Eaux-Bonnes, Oloron-Sainte-Marie, Pierrefitte-Nestalas, Pau, Saint-Girons, Saint-Jean-de-Luz, Salies-de-Béarn, Salies-du-Salat, Ussat-les-Bains.

Durée de validité : 10 Jours non compris les Jours de départ et d'arrivée.
Tout Billet d'aller et retour délivré pour un parcours de plus de 500 kilomètres donne droit pour le porteur à un arrêt en route à l'aller comme au retour.

CHEMINS DE FER DE L'OUEST

EXCURSIONS
SUR LES
CÔTES DE NORMANDIE, EN BRETAGNE & A L'ILE DE JERSEY

1° Billets d'Excursion, valables pendant **un mois** (1) avec itinéraires fixés comme suit :

1er Itinéraire — 60 fr.)) — 45 fr.)) (1re Classe / 2e Classe)
Paris. — Rouen. — Le Havre. — Fécamp. — St-Valery. — Dieppe. — Le Tréport. — Arques. — Forges-les-Eaux. — Gisors. — Paris.

2e Itinéraire — 60 fr.)) — 45 fr.))
Paris. — Rouen. — Dieppe. — St-Valery. — Fécamp. — Le Havre. — Rouen. — Honfleur ou Trouville-Deauville. — Caen. — Paris.

3e Itinéraire — 80 fr.)) — 65 fr.))
Paris. — Rouen. — Dieppe. — St-Valery. — Fécamp. — Le Havre. — Rouen. — Honfleur ou Trouville. — Cherbourg. — Caen. — Paris.

4e Itinéraire — 90 fr.)) — 70 fr.))
Paris. — Granville. — Avranches. — Mont-St-Michel. — Dol. — Saint-Malo. — Dinard. — Dinan. — (Lamballe. — St-Brieuc, moyennant supplément). — Rennes. — Le Mans. — Paris.

5e Itinéraire — 100 fr.)) — 80 fr.)) (1re Classe / 2e Classe)
Paris. — Cherbourg. — St-Lô ou Carteret. — Granville. — Avranches. — Mont-Saint-Michel. — Dol. — St-Malo. — Dinard. — Dinan. (Lamballe. — St-Brieuc, moyennant supplément). — Rennes. — Le Mans. — Paris.

6e Itinéraire — 100 fr.)) — 80 fr.))
Paris. — Rouen. — Dieppe. — St-Valery. — Fécamp. — Le Havre. — Rouen. — Honfleur ou Trouville. — Caen. — Cherbourg. — St-Lô ou Carteret. — Granville. — Dreux. — Paris.

7e Itinéraire — 120 fr.)) — 100 fr.))
Paris. — Rouen. — Dieppe. — St-Valery. — Fécamp. — Le Havre. — Rouen. — Honfleur ou Trouville. — Caen. — Cherbourg. — St-Lô ou Carteret. — Granville. — Avranches. — Mont-St-Michel. — Dol. — St-Malo. — Dinard. — Dinan. — (Lamballe. — St-Brieuc, moyennant supplément). — Rennes. — Laval. — Le Mans. — Chartres. — Paris.

8e Itinéraire — 120 fr.)) — 100 fr.)) (1re Classe / 2e Classe)
Paris. — Granville. — Avranches. — Mont-St-Michel. — Dol. — St-Malo. — Dinard. — Dinan. — St-Brieuc. — Lannion. — Morlaix. — Roscoff. — Brest. — Rennes. — Le Mans. — Paris.

9e Itinéraire — 130 fr.)) — 110 fr.))
Paris. — Caen. — Cherbourg. — St-Lô ou Carteret. — Granville. — Avranches. — Mont-Saint-Michel. — Dol. — Saint-Malo. — Dinard. — Dinan. — St-Brieuc. — Lannion. — Morlaix. — Roscoff. — Brest. — Rennes. — Vitré. — Laval. — Le Mans. — Chartres. — Paris.

Les 10e, 11e et 12e Itinéraires sont délivrés au départ du Mans, de Rouen et d'Angers.

13e Itinéraire — 105 fr.)) — 80 fr.))
Paris. — Granville. — Jersey (St-Hélier). — St-Malo. — Pontorson. — Le Mont-St-Michel. — St-Malo. — Dinard. — Dinan. — St-Brieuc. — Rennes. — Le Mans. — Paris.

Les Billets sont délivrés à Paris, aux Gares Saint-Lazare et Montparnasse et aux Bureaux de Ville de la Compagnie.
(1) La durée de ces billets peut être prolongée d'un mois, moyennant la perception d'un supplément de 10 0/0, si la prolongation est demandée, aux principales gares dénommées aux itinéraires, pour un billet non périmé.

2° Billets d'Excursion, valables de **30 à 60 jours** avec itinéraire établi au gré du Voyageur, sur les grands réseaux.
Minimum de parcours : 300 kilomètres. — Réduction de 20 à 60 0/0, selon la longueur du parcours, sur les billets individuels. Réduction supplémentaire variant entre 5 et 25 0/0 sur les billets collectifs.

CHEMINS DE FER DE L'OUEST ET DU LONDON BRIGHTON

SERVICES de PARIS à
LONDRES
Par ROUEN, DIEPPE et NEWHAVEN,

En **9 HEURES** 1/2 par Service de **JOUR** (1) || En **11 HEURES** par Service de **NUIT.**

SERVICE A HEURES FIXES TOUTE L'ANNÉE :
Départs de Paris : 8 h. matin et 8 h. 50 soir || Départs de Londres : 9 h. matin et 9 h. soir

Billets simples, valables pendant **7 jours**			**Billets d'aller et retour,** valables pendant **un mois**		
1re CLASSE	2e CLASSE	3e CLASSE	1re CLASSE	2e CLASSE	3e CLASSE
41 fr. 25	30 fr.))	21 fr. 25	68 fr. 75	48 fr. 75	37 fr. 50
Plus **2** fr. par billet pour droits de port à Dieppe et à Newhaven			Plus **4** fr. par billet pour droits de port à Dieppe et à Newhaven		

(1) Le service de jour n'a lieu que pendant la Saison d'Été.